潜在写作文丛

暗夜的举火者

Anye de Juhuozhe

陈思和／主编

哑默

灰娃／著

李润霞／编选

武汉出版社
WUHAN
PUBLISHING HOUSE

(鄂)新登字 08 号
图书在版编目(CIP)数据
暗夜的举火者/哑默等著;李润霞编选. —武汉:武汉出版社,2006.1
(潜在写作文丛/陈思和主编)
Ⅰ.暗… Ⅱ.①哑…②李… Ⅲ.诗歌－作品集－中国－当代 Ⅳ.I227
中国版本图书馆 CIP 数据核字(2005)第 008336 号

著　　者:哑　默等
丛书主编:陈思和
编　　选:李润霞
责任编辑:南　平　李杏华
装帧设计:刘福珊
督　　印:方　雷　朱有茹　戴　涌
出　版:武汉出版社
社　址:武汉市江汉区新华下路 103 号　　邮　编:430015
电　话:(027)85606403　85600625　85497614(读者服务部)
印　刷:武汉中远印务有限公司　　经　销:新华书店
开　本:720mm×1000mm　1/16
印　张:16.25　　字　数:320 千字　　插　页:2
版　次:2006 年 1 月第 1 版　　2006 年 1 月第 1 次印刷
印　数:0001—3000 册
ISBN 7－5430－3193－0
定　价:35.00 元

灰娃于1976年在北京家中

哑默在『文革』时坚持练小提琴

当大地还在沉睡
河面盖着冷冰，
但万物已复苏萌动
是谁把春天唤醒？

我的心灵
你对生活是如此地追求
渴望新生。
是谁把你唤醒？
是春天的呼唤
还是——
从未知的岛上吹来的
一缕温暖的气息？

——《是谁把春天唤醒？》

哑默的诗歌手稿

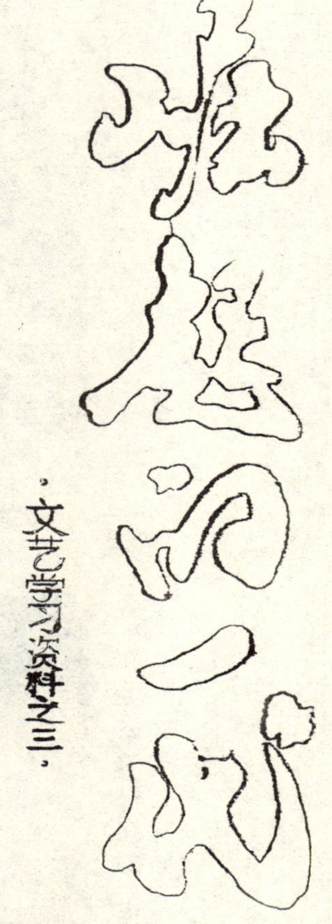

《崛起的一代》是油印出版的文学刊物，为贵州大学中文系自办。

1

目录

MULU

暗夜的举火者

潜在写作文丛

qianzai xiezuo wencong

2 暗夜的举火者

anye de juhuozhe

3

目录

MULU

潜在写作文丛

qianzai xiezuo wencong

暗夜的举火者

4 暗夜的举火者

anye de juhuozhe

5

目录

MULU

潜在写作文丛

qianzai xiezuo wencong

暗夜的举火者

总序 zong xu

总　序

陈思和

一

有一位朋友告诉我，她想写一篇文章，题目是《我们的抽屉是空的》。她大概的意思是想说，优秀作家的写作是听从良知召唤的，即使环境不允许他发表作品，他也会写出真正不朽的艺术作品，放在自己的抽屉里，静静等待命运再次对他发出召唤。——但是我们的文学史上却没有这样的作家。不知道我有没有理解错那位朋友的想法，她把那种写出来准备放在抽屉里的文学作品称作为“抽屉文学”，我则称它们为“潜在写作”。两者意思有点相似，就是指那些写出来后没有及时发表的作品。如果从作家创作的角度来定义，也就是指作家不是为了公开发表而进行的写作活动。但这两个定义还都有补充的必要：就作品而言，潜在写作虽然当时没有发表，但在若干年以后是已经发表了的，如果是始终没有发表的东西，那

就无法进入文学史的研究视野；就作家而言，是以创作的时候即不考虑发表，或明知无法发表仍然写作的为限，如有些作品本来是为了发表而创作，只是因为客观环境的变故而没有发表的（如“文革”的爆发迫使许多进行中的写作不得不中断），这也不属于潜在写作的范围。作家的创作和作品的完成是一个互为证明的写作过程，我之所以称之为潜在写作，是因为这个词比起“某某文学”（如抽屉文学等）的命名更加强调了写作这一活动对文学的意义。

其实，当代文学史上并不缺乏潜在写作。这类写作含有多种意思，第一种是属于非虚构性的文类，如书信、日记、读书眉批与札记、思想随笔等等私人性的文字档案。作者写作的最初目的显然不是为了公开发表，其“潜在”意义只是在于这些作品虽然不是文学创作，却具有某种潜在性的文学因素，在一些特殊环境下这样一些文字档案被当作文学作品公开发表出来，不仅成为某种时代风气的见证，而且也包含了作者个人气质里的文学才能的被认可和被欣赏。第二种是属于自觉的文学创作，或抒情言志，或虚构叙事，但由于某种原因作家在当时不可能发表这类创作，也就是我的朋友所说的放在抽屉里的，在若干年以后才能公开发表。对这类作品，过去文学史作者也曾注意到，但一般情况下是将这类作品放在它们公开发表的时代背景下讨论，这对于写作者本人是无关紧要的，可是一旦置于文学史背景中，意义就不一样了。现在提出“潜在创作”现象就是把这些作品还原到它们的创作年代来考察，尽管没有公开发表，因而也没有产生客观影响，但它们同样反映了那个时代知识分子的严肃思考，是那个时代精神现象的一个不可忽视的有机组成。它们是已经存在的文学现象。在任何一个时代里，如马克思主义所认为的，统治者的思想永远是占统治地位的思想，所以，研究者只有将被遮蔽在地底下的民间思想文化充分发掘出来，才能够打破“万马齐喑”的假象，真正展示时代精神的丰富性和多元性。文学史著作研究潜在写作现象，也同样以还原某些特殊时代的文学的丰富性与多元性为目的。

另外，潜在写作从文学史的角度来看还有多种类型可作进一步的讨论，比如对某种通过非正式发表渠道来传播的创作，如某些知识分子在20世纪五六十年代写的旧体诗词，当时虽然没有发表，可是在朋友熟人中间互相流传，直到诗人去世后才公开出版，那算不算潜在创作？还有，由于中国出版制度的特殊性，有些不是发表在正式出版物上，但通过民间编刊物或自费印刷的方式问世的文学作品，在当时已经产生了一定的社会影响，但直到若干年以后才陆续被正式出版物所刊登或转载，这样的创作算潜在写作还是公开写作？这些现象比较复杂，需要作进一步的讨论和界定。

我把这个问题提出来讨论，完全是出于编写当代文学史的需要。近十多年，我一直思考着20世纪50年代以来的中国文学史的编写问题，也相应做过一些理论上的探索。潜在写作的问题正是其中之一。20世纪50年代以来，不断的政治运动和其他各种原因，使许多作家失去了公开发表作品的可能性，但他们并没有放弃写作的努力，在各种艰难的生活条件下依然用笔来表达自己的内心渴望，写下许多弥足珍贵的文字，并开拓出一个丰富的潜在写作的空间。“文革”结束以后，这些作品大多数都已经公开发表，但是由于这些作品属于过去时代的文本，放到时过境迁的新的环境下，很难显现出它们原有的魅力，新时代有新的情绪与感情需要表达，所以，这些作品很快被更具有时代敏感性的话题所掩盖。但是，如果还原到这些作品酝酿和形成的年代的背景下来阅读和理解它们，并将之与同时期公开发表的文学作品相比较，其热辣辣的艺术感染力就马上凸现出来。过去编写的文学史著作，

均以当时占主流地位的文学作品作为其时代的代表作，而一般被忽视和被否定的作品很难写进文学史，更不要说没有公开发表的潜在写作。从表面上看这样研究文学史的方法没有什么大错，因为在一个精神生活浮躁嚣张的时代里，其代表性的作品只能是浮躁嚣张的作品。但是如果我们深入一步把潜在写作的现象考虑进去，情况就不一样了。在那个时代里仍然有作家在严肃地思考和写作。不过作家们身处不同的社会处境，他们思考的方式和表达的方式都不一样。那些被时代的喧嚣之声所淹没的声音，恰恰具有可贵的个人性和独立性。如果把潜在写作纳入文学史的视野，那么，我们的当代文学史的内容会非常丰富和精彩。

根据这样的想法，我于1999年撰写了《我们的抽屉——试论当代文学史（1949—1976）的潜在写作》一文，发表在《文学评论》杂志上，并且根据潜在写作的理论视角去重新整合当代文学史，由我主编的复旦版《中国当代文学史教程》直接体现了这一探索性的实践。潜在写作的观点引起学术界的关注和争论，围绕了这一问题有李扬、李润霞、王光东、刘志荣等学者先后发表文章进行探讨，证明了它具有不断完善、不断修正、不断充实的理论生命力。尤其是刘志荣先生最近完成的近四十万字的《潜在写作：1949—1976》专著，这个问题在文学史理论创新意义上得以比较全面的论述。

本来，我以为潜在写作的现象是中国当代文学史上的特例。但最近阅读了前苏联女作家莉季娅·丘科夫斯卡娅的《阿赫玛托娃札记》，这个观念有所变化。莉季娅留下的文学创作很少，但留下大量的书信和日记。《阿赫玛托娃札记》三卷本是她的代表作，她与女诗人阿赫玛托娃成为忘年交。阿氏在最困难时期也不放弃创作诗歌，她的大量诗歌都是潜在写作的产物，通过秘密的背诵保存下来。而莉季娅就是参与保存这些不朽诗歌的秘密背诵者之一。她与阿氏有深厚的友谊也有矛盾冲突，甚至一度绝交。但从 1938 年到 1965 年，她几乎是编年式地记录了她与阿氏的交往、交谈和交流文学见解的内容，保留了阿氏的大量诗歌。据说她对阿氏诗歌的创作情况比诗人本人还了解。从阿赫玛托娃、莉季娅等人的创作和文学实践来看，前苏联文学史上的潜在写作的现象更为酷烈，令人可歌可泣。索尔仁尼琴[①] 的回忆录里有《地下作家》一节，也记载了自己在流放中的潜在写作："我（在狱中）摆脱了无谓的幻想。代之而来的是一种信念：我的工作不会是徒劳的，我的作品矛头所向的那些人终于会垮下去；我的作品如肉眼见不到的潜流奉献给另一些人，而这些人终将会觉醒。我以一种永世的沉默屈从于命运的摆布，我永远不可能让双腿摆脱地球的引力。我写完了一部又一部作品，有的写于劳改营，有的写于流放中，有的又是在恢复名誉之后创作的；开始写诗，后来写剧本，最后又写散文作品。我只有一个希望：怎样保住这些作品不被发现，与此同时也就会保全了我自己。为了做到这一点，在劳改营里我不得不把诗背诵下来——有几万行之多。为此我想像着诗的格律音步，在押解途中把火柴杆折断弄碎练习着摆来摆去。劳改期届满时，我相信记忆的力量，开始写下散文中的对话并把它们背熟，后来竟能写下并记住整个一篇散文。记忆力还真不坏！进展顺利。我花费越来越多的时间把每个月背诵下来的东西重复一遍，一周可以记住一个月的东西。"这种靠记忆来保存潜在写作的形式是最为经典的形式，中国诗人胡风、绿原、曾卓等在狱中创作大量诗词也正是同样的方法保存下来的。

要了解我们的抽屉里究竟还有些什么，目前还难以列出详细的清

① 索尔仁尼琴《牛犊顶橡树》，陈淑贤等译，群众出版社 2000 年，第 5 页。

单。潜在写作是一片尚待开发的研究领域，许多遮掩在传统文学史观念与话语之下的作家作品正在逐步被重视，许多发表了的作品的意义正在被重新认识，研究潜在写作的过程也正是开掘这一项课题的过程，因此许多方面还需要做进一步的探索。目前我们所整理出版的《潜在写作文丛》只是一个努力的开端，存在的问题肯定不少。希望通过我们的学术实践和探索，吸引更多的青年学者来加入这件有意义的工作，共同来开发和分享这一领域中被长期遮蔽的丰富与肥硕的果实。

编者序：亦诗亦史
——关于“文革”时期的潜在诗选

李润霞

“文革”时期的潜在诗选包括《暗夜的举火者》(上卷)、《青春的绝响》(中卷)、《被放逐的诗神》(下卷),是“潜在写作文丛”中关于“文革”时期的潜在诗歌选集。关于本诗选所涉“潜在写作”的内容意义、研究方法以及编选体例和原则,本序将一一作出说明。

一、关于“文化大革命”时期的潜在诗歌

“文化大革命”的政治地震把诗坛分裂成两个部分:主流诗坛与地下诗坛,“文革”诗坛呈现出双向平行、对峙共存的格局。这种现象在许多国家和时代或多或少都会存在,“文革”时期表现得尤为突出,并且构成了这一时期文学的基本格局。与公开的文学相比,湮没在地下的文学潜流往往“是当时文学的异质力量,但又最富于生命力,后来成为‘文革’后文学变革的准备和先声。”①当潜隐的文学浮出地表之后,便以其自身存在的“非常”与“非凡”构筑了曾经被视为荒原般的“文革”文学,而“文革”文学因这“另一半”的出土也由单一变得丰富复杂,同时为新时期出现的文学激流找到了一种源头。

① 洪子诚:《中国当代文学史》,北京大学出版社,1999年版,第206页。

“文革”中的潜在诗歌是指在“文化大革命”中未公开发表(出版)的,与公开诗坛中的主流诗歌相对峙的、共时性存在、非共时性地进入文学史,并产生文学影响的“另类”文学创作。这些诗歌是因为诗歌创作者迫于某种原因而被迫转入“地下”的潜在写作,亦可被称为潜在诗歌,他们在诗歌的创作观念、艺术特征、审美旨趣、审美接受等方面表现出了与当时的主流诗歌相迥异的艺术特色,所以在当时甚至其后相当长的一段时期处于被湮没、被遗忘的潜流状态。“文革”时期的潜在诗歌正是以与主流诗歌以及时代风尚相迥异的“异质性”与“异端性”才更体现出它可贵的价值。

从地域角度来看,北京、上海和贵州等地的潜在诗歌比较有代表性,都具有较长的时间延续性,而且具有一定的群落性质,从不同程度上对“文革”到新时期的诗歌酝酿与崛起起了某种推动作用。从年龄角度来看,老一代诗人与青年一代诗人是“文革”时期潜在诗歌的两股主要创作力量,他们的创作不仅是“文革”中潜在诗歌的重要组成部分,而且酝酿了新时期诗歌潮流的两条主要流向——即“归来的诗”与“朦胧诗”。可以说,“文革”时期的潜在诗歌是新时期“归来的诗”与“朦胧诗”的主要源头与潜流状态,他们共同推进并构筑了新时期的诗歌地基。事实上,“归来的诗”与“朦胧诗”中有相当一部分代表作正是创作于“文革”时期的潜在诗歌。需要注意的是,年龄与地域的划分也并非互不关联的,在某些时候或涉及到具体作家、作品时,它们之间也有交叉。另外,对老诗人与青年诗人按“事后性”的不同流向来分别进行论述,只在具体对象、具体时期中适用,并不具有一般意义,而仅仅在本文所给定的“前朦胧诗”与“归来前的诗”这两个具体指称中具有实际内涵。因为年龄并不是划分诗潮、流派的唯一因素,只表明他们在特定时期、具体创作中呈现出来的不同创作境遇、不同艺术风格和不同精神质素。

老一代诗人在“文革”时期的诗歌创作构成了潜在诗歌的一部分。称之为老诗人，基于两个原因：一方面因为他们在“文革”时基本上都步入了人生的中老年；另一方面因为他们在“文革”前甚至建国前已经开始诗歌创作并取得了一定成就，有许多还曾是著名诗人。如绿原、牛汉、曾卓等“七月派诗人”，穆旦、唐湜等后来被追认命名的“九叶诗人”，以及20世纪50—60年代即成就诗名的郭小川、蔡其矫、流沙河等，另外如黄永玉、陈明远以及并非诗人的无名氏等也在“文革”的压抑中拿起诗笔冲破时代的禁锢，抒发人性之声。这些诗人后来常被归入“归来者诗群”，相应地，他们在“文革”中的创作可被视为“归来前”的诗歌。① 这部分的诗歌已经收入潜在写作文丛中的其他选本中，本丛书重点收入青年一代诗人的作品，因而没有选入他们的作品，也不再详述。

青年一代诗人是“文革”时期潜在诗歌创作的一支生力军，不论在数量，还是在质量上他们的创作都更具实力、成就更高、也更有代表性。“文革”时期，在北京、上海、山西、贵州、福建、河北、四川等散落于全国各地的青年（主要是城市青年）重新思考时代人生并开始诗歌写作，如食指（郭路生）、哑默、北岛、顾城、舒婷、杨炼、陈建华、钱玉林、周伦佑等，根据现有资料，他们中少数人的创作甚至在“文革”前已经开始，如郭路生、陈建华等。其中在知青插队的所在地还形成了一定规模的诗歌群落，如“白洋淀诗群”，它是“文革”期间比较典型的知青诗歌群。另外，一些志同道合的青年人形成了小范围的文学聚会、文艺沙龙，他们

① 实际上，“归来者诗群”在新时期发表的不少代表各自诗歌成就的作品都是他们在“文革”时期的潜在写作。本文参考谢冕、唐晓渡主编《鱼化石或悬崖边的树》等著对“归来者诗群”的归类。

谈诗论艺，进行诗歌写作，按照诗人的地域归属并结合其创作成就，大致以北京、贵州、上海三地形成“文革”时期潜在诗歌创作的代表性诗人群。目前，对“白洋淀诗群”的史料挖掘较为丰富，引起较多关注，而其他地域的诗群则相对处于整体或局部被湮没的状态。

在共和国文学史上，这种特殊的潜在的文学创作，其形成有着一定的历史原因。按理说，他们的文学聚会或文学沙龙在当时是不可能存在的，但青年人正处在“精神断乳”但思想活跃的阶段，他们开始思考人生，开始关注个人的前途与国家的命运，并且青年人的创造激情与政治激情之间一旦遇合，他们的诗歌写作也以各种隐秘的方式延续、保存下来。他们是那个时代里的早醒者，为了这份诗与思的早醒，他们中的许多人因此付出了沉重的代价。在文学专制的“文革”时代，写诗本身成了一种冒险的行为，而宣称要“触及灵魂”的这场“史无前例”的“无产阶级文化大革命”的确真正触及了一代人灵魂的深处，使他们得以觉醒。

青年诗人有两种情况，一类是出生于建国前的 20 世纪 40 年代前半期，由于家庭出身的原因，从一进入新社会就成了时代的弃儿或边缘人，有些甚至是被歧视、被专政的对象。“文革”时他们已经成年，思想相对较为成熟，没有经过从狂热向失望明显过渡的精神蜕变。而且他们中不少人没有经历过“上山下乡”，而是留在了城市(或市郊)，且在“文革”之前或“文革”初期完成了高中学业，并通过各种办法有了工作。如哑默 1963 年高中毕业，1964 年起在贵州市郊区野鸭塘小学任代课教师。陈建华 1967 年高中毕业后进入上海第三港务工程局船舶修理厂当工人，直到 1979 年考入复旦大学。钱玉林 1967 年高中毕业后在家待业，1974 年春开始在上海红光中学任语文教师，直至 1980 年夏。张烨 1966 年高中毕业后因病在家待业，1974 年被分配在街道文化系统工作，直到1978年考入复旦大学分校。另一类是出生于20世纪40年代末期或50年代初期（集中在1948—1954年）的城市青年，常被称为"共和国的同龄人"，他们"生在新中国，长在红旗下"，其中一部分作为"老三届"① 在"文革"中失去了继续求学深造的机会，或者进入工厂当了工人；或者参军当了兵（包括复员转业再当工人），如田晓青（"文革"期间先当兵后当工人）；或在农村插队或是插队后再当兵或回城当工人，如食指（1968年在山西杏花村插队，1970年秋回山东老家鱼台县务农，1971年2月—1973年2月在山东济宁参军入伍）、舒婷（1969—1972年在闽西山区插队，1973—1981年回厦门当工人）、杨炼（1974年在北京昌平插队）、马佳（1969—1975年在黑龙江生产建设兵团插队）等。他们中大多数人经历了"上山下乡"，经历了从红卫兵到知青的身份转变，在转变中也由所寄身的时代完成了他们的"成人仪式"。最为典型的是在河北白洋淀插队形成的知青诗人群落"白洋淀诗群"，包括根子、芒克、多多、林莽、方含、宋海泉等。尽管不同地域、不同年龄的他们在"文革"时期的生存经历有所不同，但时代语境和思想历程其实有很多相似性和相通性，理想与激情的失落与追寻，对个人前途的渺茫感，被社会抛弃的孤独感、苦闷感，成为其中最强烈、最真实的情绪，而"知识青年"或"待业青年"这些特殊而尴尬的身份标签与背后的难堪命运就是他们在"文化大革命"中所换取的"赏赐"和代价。

从青年诗人的作品中，能够看出他们这代人在特殊环境中所接受的文学传统和文化滋养，不管是残存的一些中国古代文学和现当代文学作品，还是各种"灰皮书"、"黄皮书"，在"文革"时期的地下读书活动

① "老三届"指"文革"期间在校的六六、六七、六八届中学生，他们大多出生于1947—1952年，到1966年"文革"爆发时，平均年龄为14—19岁左右，是1968年底大规模上山下乡运动中的知青主体。

中，它们成为一代人创作和思考的文学资源和精神资源。当然，他们的阅读情况也不是涵盖所有诗人，例外总是有的，而且在几乎遍及全国的“地下读书热”中地域差异也比较大；另外，具体的阅读接受与文学创作之间的关系、影响也因人而异，但这种阅读毕竟是在文化废墟时代的一点文化绿色，它至少为一代人的文学创作提供了一种必要的条件。不过，他们的阅读是有限、芜杂的，但对于接受了太多政治教育而太少知识教育的所谓“知识青年”来说，也许，因为有限，它所产生的影响可能更为直接、更为深入；因为芜杂，才可能在转益多师甚或误读中不断求得个人风格之定形、蜕变。在书籍阅读和文学影响中，各人的接受方式、理解的深浅与影响程度有所侧重和不同，不同的书籍对于不同的人也有不同的影响，即使相同的书籍也会因为个人的爱好偏差而出现接受的侧重不同。整体而言，这种读书活动毕竟为当时处于闭目塞听状态下的青年打开了一扇面向另一世界的窗口，不仅在思想上促使他们对社会既定的价值、文化以及个人的存在进行重新思考，而且在具体诗歌创作和艺术表现方法上对潜在诗歌的形成起到至关重要的推动作用。除了书籍之外，还有绘画、音乐、电影等各种艺术的交叉渗透与广泛熏陶，应该说，艺术的内在精神都是相通的，这种种艺术形式均为他们的诗歌创作提供了不同的养分。

青年诗人的创作最早传达了艺术变革的先声，在创作上偏离或者抛弃了当时的“革命现实主义”和“革命浪漫主义”的畸形结合，而是呈现出艺术手法多元并存的态势。他们的艺术实践对于新时期后诗歌风格的形成有着非常重要的作用，特别是浪漫主义的抒情风格和现代主义诗歌技巧运用较多，可以说，新时期主导性的诗歌艺术风格在“文革”时期的潜在诗歌中已经基本具备了。贵州的哑默，上海的钱玉林、陈建华、张烨，福建的舒婷以及北京诗人食指、芒克等都更接近于浪漫主义的情感表现和抒情方式。他们的诗中，无论是豪放委婉还是唯美颓废的诗风，都是从内心的真实体验出发，表达个人的真实感受，而不是用虚假、夸张的“文革”套话和政治习语的陈辞滥调去填充诗行。此外，“白洋淀诗群”中的根子、多多、芒克则在诗歌中借鉴、实验了更多的现代主义技巧。相对于当时的时代而言，其中有相当一部分诗歌在思想内涵及艺术表现方式上都表现了很强的先锋性与现代性，其诗歌主题和艺术手法在后来的朦胧诗中不同程度地得到了承续，很多诗人带着他们在“文革”时期的潜在诗歌作品步入了新时期的诗歌大潮。

青年诗人在“文革”时期范围颇广的潜在诗歌，为重塑干涸、荒芜、变形的中国新诗河床做了准备。就文学对历史的超越性而言，潜在诗歌的潜流状态恰恰成了其最终化为激流的一个必然且必要的铺垫，当潜在诗歌一旦在新的历史语境中浮出地表，便化为激流并与继之而来的新时期文学潮流取得了思想与艺术的共通性，进而显示出它被湮没了的可贵意义和不容被遗忘的历史价值，并最终坚强而令人无法忽视地进入文学史。正是基于此意义，我曾把“文革”时期的这些潜在诗歌称之为“被湮没的辉煌”。① 对于需要“重写”的当代文学史而言，把长久以来被湮没的文学现象揭示出来，使遮蔽在主流文学史中的地下文学重现其原初面目，无疑是一项更为切实的工作。但在认识辉煌的同时，又必须把他们的作品放回到具体的“历史情境”中去考察它们的诗学意义和审美价值，毕竟这些诗歌生成于一个畸形的文化环境中，难免营养不良，亦不能完全免疫于政治思维和革命话语的侵害，在与主流诗歌与时代风尚自觉隔离、自我超越的同时，一些诗歌在精神取向和

① 参见编者：《被湮没的辉煌——论“‘文革’地下诗歌”》，《江汉论坛》2001年第6期。

艺术技巧等方面仍然留下了无法分割的痕迹。由于主观与客观条件的限制、文化内功和给养的先天不足，一些诗歌还处于从艺术的学步向自觉的创作过渡的阶段。除了一些优秀的诗人写出了他们的成熟之作外，不少诗人还仍未完全走出摹仿（包括诗群内部之间的互相模仿）与探索的混杂期，一些作品呈现出明显的初学者的稚嫩，原创性稍逊。而从年龄上来看，他们在“文化大革命”时正值青年，年龄段多集中在15—25岁之间，正好处于人生的花季和精神上的“断乳期”，很多诗歌流露出浓重的“季节性感伤”，带有青春期自发的多愁善感，属于青春期本能写作的范畴，厚重感和穿透力不足。尽管在一定范围内为地下阅读活动提供了一些进行文学创作所必要的文化给养，但毕竟缺乏系统、广博、自由的知识训练，文学功底和诗歌修养普遍不足。而且，由于文化环境有形与无形的影响，个人前景的暧昧不明，使他们僭越的脚步有时迈得略显迟疑。一些作品常是一种青春经验的复写或内心的实录，精神的提升与超越性的思想洞察力都可能受到限制，有时作品的情感表白过于直露，技巧过于粗疏，诗艺上亦有浅薄之处。当然，这些局限也正说明了诗人及其创作均不免是时代的产物，其生命的深浅纹路烙印着历史的真实原貌。

从诗歌本身来看，“文革”时期的潜在诗歌的确有强烈的政治诉求的一面，加上同时代诗风的影响，所以其作品中现实性、社会性的意识自然比较突出。但也有一些完全逸出当时主流诗歌规范而在精神和诗歌技巧上显示出独异品质的作品，或倾心于古典诗歌和“五四”新诗，或精神接壤于西方现代主义艺术，从而使个人人性的思想觉醒与时代一统的革命性拉开了距离。我以为，在关注、梳理群体诗人的整体诗歌特征和精神走向时，还应该深入到具体诗人、具体诗作，评价的尺度和标准不应该是简单笼统的。这也是我个人编选本诗选的初衷，我想告诉人们，这个时期这些早醒者的声音尽管都有一个共同的时代背景和历史，但并不完全是一个喉咙，一个声调，他们是个体的，个人的。不同的声音，其中有呐喊、有低吟、有哀怨、有愤怒、有声嘶力竭、有温情脉脉、有现代、有古雅，我希望研究者除了关注群体性的诗群外，同时不要忘了关注每个个体诗人的诗作，关注那些个体独异的诗风。

"文革"时期的潜在诗歌是共和国诗歌史上的一种特殊文学形态，它是特定时代的特定文学产物，是历史畸变所产生的文学畸变，但它却为后来的文学发展开辟了一条新的道路，成为新时期以来诗歌的主要来源和文学传统。其间，形成了相当可观的诗人群体，甚至初具"流派"雏形。虽然其创作活动颇为隐秘，在当时也未得到广泛传播，加上地域分布较散，作品质量难免参差不齐，但是这一阶段却是不能绕开的存在。它不仅以坚实的文学实绩形成20世纪50年代以降中国当代诗歌流向的转折，而且直接酝酿、开启了新时期以来的诗歌复兴运动，在文学史上具有承前启后的地位。潜在写作的存在至少是一种文学实证，证明了文学在废墟中存在的可能性，也证明了看似断裂中保持的文学赓续或崛起中的文学潜流。无论在多么压抑的时代，无论诗人是被追捕还是被放逐，无论他们沉默还是开口，诗歌的火种从来没有熄灭过，它微弱的火光会照彻一个时代，或者成为精神启蒙的呐喊，或者是青春的绝响，或者是历史的见证。

二、潜在诗选的编选体例和编选原则

"文革"时期的潜在诗选共三卷，编辑收录的主要是"文化大革命"时期青年诗人创作的潜在的诗歌作品，不包括后来被文学史称为"归来者诗群"的作品，也不包括"文革"时期公开发表的作品，更不包括当时发表在各种红卫兵小报上的作品。另外，本书主要选入的是"文革"

时期青年诗人的创作，或者更为准确的说法应该是“未名诗人”的诗作，主要相对于那些在“文革”之前或者在建国前已经开始诗歌创作，已经成就诗名的诗人而言。就目前资料的挖掘和文学影响、价值来看，“文革”时期的潜在诗歌写作主要分布在北京、贵州、上海等地，本书共收入此三地诗人近30位诗歌700余首。

关于本书的编选体例和编选原则，需要具体说明的是：

一、“文革”时期的潜在诗选大致根据地域划分为上、中、下三卷。

上卷名为《暗夜的举火者》，主要辑录了贵州诗人哑默和北京诗人灰娃在“文革”时期的潜在诗歌。从“文革”之前至“文革”期间，贵州的诗歌创作从未间断，在某些历史时期，他们的文学活动甚至非常重要，但他们的“人与诗”一直只是作为潜流存在，现在的重新面世应该是一种从地下到地上的“归位”。“文革”时期的潜在诗歌上卷《暗夜的举火者》中收入的灰娃并非贵州诗人，而是其中较为特殊的一个诗人，她的特殊在于不好“安置”。她出生于1927年，“文革”时正值39—49岁之间，在年龄上应属于“老诗人”，但因其创作较晚——“文革”时期因精神压抑才拿起诗笔，“出土”则更晚——直到1989年才出版了第一本诗集《野土》。她既不属于知青诗人，也不属于“归来者诗群”。她的经历也比其他人特殊，不仅有延安的革命背景，也有建国初在北京大学的求学经历，“文革”时她又得了精神分裂症。她的年龄远远超过贵州、上海、北京这三地的诗人；她的经历也与这三地的所有诗人都大为不同，她似乎是一个不好归类的异数。按照地域似乎可以把她放在下卷《被放逐的诗神》的北京诗群里，可是归入北京诗群后似也不伦不类，最后还是从篇幅的平衡考虑，把她和贵州诗人收录在一起，是为权宜之法。该卷共收诗人两位诗歌80首。

中卷名为《青春的绝响》，辑录了上海诗人在“文革”时期的潜在诗歌，该卷共收诗人9位诗歌403首。上海诗人大多为老三届，比北京诗人略为年长，他们中的多数人未去“上山下乡”而因种种原因（如生病、待业、招工等）“幸运地”留在了城市。他们创作较早，往往在“文革”初期或更早时期就开始了诗歌创作，作品也较多，作品显示了一种与其他地域所不同的风格，如哀感、颓废、浪漫等。命之为《青春的绝响》，是因为他们大多数人是在即将步入老年之时才开始发表自己青春期的诗作，读者隔着三十多年的历史倾听他们的诗声，亦如绝响。整个上海诗人在“文革”时期的潜在诗歌创作至今尚未被研究界所认识，本书收入他们的作品大多为首次发表。也正因此，本书尽可能完整保留，不作删除，以免因个人趣味而遗珠，亦可免于收录不全带来偏见，研究者可以从中发现他们在诗歌写作的青春期所具有的稚拙、独异、矛盾和创作的良莠。相较不断有新的叙述甚至一度成为研究热点的北京诗人群（包括“白洋淀诗群”）来说，目前研究相对薄弱或是空白之处是上海诗人群和贵州诗人群的创作情况。由于种种人为与非人为的原因，他们成为长期被遗忘的一群，编者根据挖掘和掌握的一些原始资料希望给以“全景敞视”，所以这两部分收入的诗作较多。

下卷《被放逐的诗神》，辑录了北京诗人在“文革”时期的诗歌作品，该卷共收诗人17位诗歌283首。此处的北京是广义上的北京，即指大多来自北京的知青诗人，他们在“文革”时期虽然离开北京，但是仍然归为北京诗人群，如白洋淀诗群中的根子、芒克、多多等，以及食指、依群、顾城、江河等。或是与后来的北京诗人群有一定诗歌联系的诗人，如舒婷，她最早的作品发表在创刊于北京的非正式文学刊物《今天》上，她的诗歌命运紧紧地和北京诗人群联系在一起，她属于《今天》诗人群，也属于广义上的北京诗人群。这群诗人大多经历了上山下乡，有一个从红卫兵到知青的身份转变和从城市到农村的地域转场，这种“被放

逐”的命运不仅是诗人的，也是诗歌的。但是，在“诗”与“人”的共同放逐中，“诗”与“人”之间又共同完成了某种超越。本卷所选大多数已经是成名诗人，很多作品已经发表出版，但这也是因为发表出版，带来另一个原稿或初刊版本与正式发表出版之间“版本不同”的问题。对于一部分存在“版本修改”现象的诗人，所选作品延伸到了 1977 年。

另外，一些已见的版本和史料尽管不断有潜在诗作的挖掘，一些个人也不断出示各种“文革”期间的诗歌写作，但由于文学史意义的限定、作品甄别的困难和编选时间所限，本书未作全盘收入，只能“有意”疏漏。如郝海彦主编的《中国知青诗抄》选了大量知青诗人在“文革”时期的作品，除方含、郭小林、马佳、赵哲、周陲、杨桦等诗人外，其余诗人的作品在本书中均未选入。另如四川诗人周伦佑在“文革”时期的诗歌作品《我守着一座冰山》(1972 年 2 月 12 日)、《试验》(1975 年 5 月 21 日)等，本书暂未收入，他日或可再作补订。周伦佑“地下诗歌”的被发现不仅说明四川诗歌在“文革”时期的创作可能性，而且更证明了潜在写作显然并不局限于有限的一时一地，而可能在更为广泛的地域中普遍存在，当然，这种创作并非仅仅证明一种艺术价值，对于“文革”的特殊历史而言，它更证明了某种思想和精神的存在。

二、“文革”时期潜在诗选编选范围大致在 1966—1976 年，但个别诗人选入的作品也上溯到了“文革”之前，最早到 1962 年，或下延到了“文革”后的 1978 年。比如，上卷收入了哑默 1963 年创作的《海鸥》和 1965 年创作的《海鸥》、《夜路》、《荒野的婚礼》。中卷收入了蔡华俊 1965 年创作的《一颗坠入情网的心》、《献给你，朋友！》；也收入了陈建华 1965 年创作的《睡魔》、《海，我愿意守到我老》、《秋姑娘》等和 1966 年初创作的《落花歌》、《流浪人之歌》、《瘦驴人之哀吟》等；也收入了张烨 1965 年创作的《给安娜·卡列尼娜》、《牵牛花》、《追求》、《秋千》、《蒲公英》和 1966 年初创作的《雪球》、《春日》、《紫鸟》等。下卷收入了食指 1965 年创作的《书简》和 1978 年的《疯狗》，也收入了芒克与北岛 1977、1978 年的一些作品，另收入了舒婷一首创作于 1977 年、发表于《今天》上的作品《致橡树》等。

各卷所选诗人基本按照他们最早开始诗歌创作的年代顺序排列，如一个地域的整体诗群并无清晰明显的创作上的先后顺序，则按照姓名的汉语拼音排序，如中卷的上海诗人群；各个诗人所选作品全部按照每首诗歌的创作年代编年顺序排列。每首诗作的创作年代均统一用阿拉伯数字标注。

三、本书希望通过挖掘被湮没的诗歌史料带出一段被湮没的诗史，虽然编选初衷曾有编成《“文革”时期的潜在诗歌全编》的想法，但后来发现既然是潜在写作，而且史料“出土”刚刚开始，全编既不可能也不可行，故本书最后并未求全，而只选可以确证创作年代的作品，只要有所存疑的作品皆不收入。譬如灰娃的诗歌，本书收入甚少，盖因为无原稿对证。尽管 2004 年暑假我和刘志荣曾一起去她家里访谈，诗人自己说明很多作品创作于七十年代，但原稿不存，不能确证，这里只能收入可以确证的少部分作品。灰娃在诗歌《我额头青枝绿叶……》中的附记这样写道：

此二首意念相仿，本已完全遗忘，故未编入诗集。鲁湘写后记《向死而生》时，便未读到。《我额头青枝绿叶……》是在初读鲁湘文章后突然忆及的。我十分惊异鲁湘何以从诗作文本中对生命体验之感悟竟达至历史真实。一些本已隐遁的情感又被勾出，遗忘的诗句再次清晰忆起。适逢甥女菲菲来京，说到七三年我病危，她由湖南来护理，我曾交她一份诗稿，嘱她撕碎扔马桶冲走。然她并未照做，而是带回湖南收存至今。此事在我心里压根儿一点影子

没有了。不久收到她寄来的那份诗稿《墓铭》，读罢，往事烟云，思绪纷纷。鲁湘、兆忠要我把此二首未及收录的诗附于诗集之后，算是对一个为人类尊严拼死抵抗过的灵魂的纪念吧！

1997 年 5 月

类似灰娃的这种创作情况不能排除其他诗人也有，如程应铸的作品，本书暂时均不作收入，因为这种回忆性的创作，在我看来已经不属于"文革"时期的创作，而属于另一个时期的创作。

四、"文革"时期，很多老一辈诗人（如聂绀弩、无名氏等）都有旧体诗创作，青年诗人也有旧体诗创作，比如上海诗人中也有一些旧体诗作品，本书侧重新诗创作，旧体诗不在本书编选范围。

五、本书尽量以第一手资料为编选依据，择取最符合原貌的版本，以存其真。本书所选大部分即根据"文革"中后期出版的一些油印本、打印本和许多未刊的原始诗歌手稿，也有一部分根据后来发表的诗作。对于原始手稿，笔者采用了一些"考古式"的研究方法，选入本书时进行了大量的校勘、辨伪工作。即使是根据正式发表的版本收入，也尽力找到原稿对照。由于年代较远，当年一些手写稿或油印稿字迹模糊，难以辨认，编者也尽力和作者联系，或根据后来发表情况进行辨析、澄清与校订。鉴于地下诗歌作品存在的真实性和版本问题，编者将尽量注明所引作品的创作年代和所收作品的来源。创作时间的意义自不必说，作品来源即版本的重要性也不容忽视。编选中我一般采用对每一个诗人进行注释的办法，对每一首的出处给以注释说明。如出处相同，则统一在入选诗人的第一首诗中说明。由于潜在诗歌在创作和发表之间往往存在一个较长的时间差，某些诗人在"文革"时期的作品，在"文革"结束后都或多或少发表过，或收入各种诗集诗选中，或因作者本人、见证与旁证在传抄过程中的改动，其中个别诗作有时会有一些文字、标点、分行等的改动，这就是“版本不一”的问题，这是在研究潜在写作时最值得警惕之处。这就要求研究者必须尽可能以最充分的依据，找到离创作真实最接近、最原始的版本，这样才能恢复历史本来面目，才能切实为潜在写作在文学史上的意义和价值做出定位。另外，由于诗歌本来就是一种凝炼简约的文体，甚至可以说是字字珠玑。经过诗人情感打磨的一字一词、一个标点，都可能牵动着整个诗歌的语气、语感、节奏、音顿等的变化，所以在编选中，我采用了汇校的方式，即把不同版本之间的修改情况尽可能用注释一一详尽注明，希望借编校发现各个版本之间的差异，从各个不同版本之间修改的细微变化中，梳理诗人在修改牵涉的各个时期其创作心态的变化和时代变迁的风貌，为潜在写作研究的深入探讨和史料鉴别提供一点实证性的帮助。“版本不一”所关涉的诗歌改动大致有如下一些情况。一类是现在留存的同名油印诗集在多个版本之间出现的改动，比如：芒克的诗集《心事》，北岛的诗集《陌生的海滩》均有两个版本：1978年的油印本和1980年非正式刊物《今天》丛书的同名再版油印诗集，本书均以初版本为依据，对其他版本的改动加以校勘注释。二是同一首诗在油印诗集的初版本和正式出版的诗集中出现的文本改动。比如：哑默、多多、舒婷等人的某些诗作在不同版本中的修改等等。三是情况更为复杂的年代修改，比如食指诗歌《疯狗》在不同的诗歌版本中，其创作年代的标示有两种，一为1974年，一为1978年，经编者考证，其实际创作年代为1978年，本书也给以注释说明。

六、本书编者奉行“复原不改”和“谨慎校勘”的原则，一方面，所选作品均依据作品原貌收入，基本不作任何改动修饰，另一方面，对有些诗作中在油印本中存在的明显笔误、错别字、异体字、不规范简化字、不规范标点等，在收入诗选时进行了谨慎的校正和纠错。如一些诗中

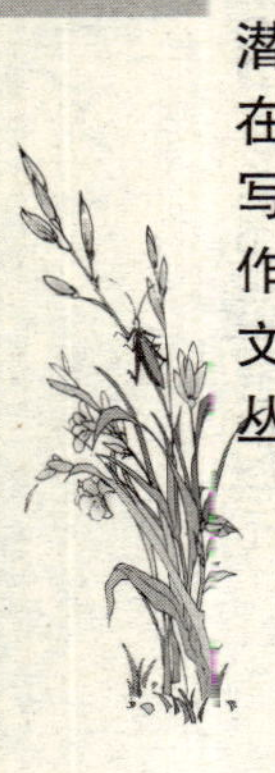

"的、地、得"的一些不规范用法均予以校正，又如芒克诗歌《遭迂》改为《遭遇》，依群、方含、多多诗歌中"兰"在用"湛兰"、"兰天"等词时均改为"蓝"，哑默诗中"书仪"改为"书信"，"畄下"改为"留下"，"照跃"改为"照耀"，"好象"改为"好像"。另外一些诗中明显的错别字也一一改正，如"万赖俱寂"改为"万籁俱寂"，"蕃篱"改为"藩篱"，"绿荫"改为"绿朗"，"凄励"改为"凄厉"，"催灿"改为"璀灿"，"佛晓"改为"拂晓"，"复盖"改为"覆盖"，"毫华"改为"豪华"，"寂莫"改为"寂寞"，"揩试"改为"揩拭"，"拔翠出众"改为"拔萃出众"等等。

七、本书所选作品虽在篇幅允许下尽量求全，但囿于资料搜集的难处和一些作品版本真伪的不确定性，编者只能取"宁缺勿滥"之原则，何况求全之"全"亦是一种"相对之全"，对于"潜在写作"而言，实际上不可能真正求全，本书必定会有漏收、误收现象，遗珠之憾自是难免。另外，由于本书三卷皆是我个人所为，因几年来长期致力于编辑、打印、校对、考辨等工作，置身叠床架屋的资料堆里，几校下来，难免一时眼花笔乱，出现习焉不察的错讹。自博士毕业以来各种教学、科研与日常工作的牵累，使我的编选工作也断断续续，而在断续间可能亦会出现一些疏漏。我相信还有一些诗人、诗作至今仍处于潜在状态，甚至将终生"潜在"。在某种程度上，甚至可以认为，任何时代都会有潜在的写作。如果把"文革"时期潜在写作的史料挖掘和研究看作是一项需要不断进行的"无限的"工作和持久的事业，我愿把现在这本诗选视为一块铺路的砖石，以此抛砖引玉，所以恳请海内外各位诗人、专家学者在本书出版以后能够继续给予史料上和理论上的支持关注，以便我在日后进行修订、补遗和去讹。

八、对于"文革"时期潜在诗歌的来源、写作过程和作品保存过程，我个人在实际编选和其他论文中已经做了相当多的辨析工作，本书中不再另作说明。另外，本书所选作品以及所附的一些照片、手稿、签名等资料，多由作者本人提供，也有的是编者从其他渠道得来，不再一一注明提供者。我想说的是，正是他们而并非编者为历史留下了珍贵的材料。所以，我特别想对那些提供诗歌作品资料和考证资料的每一位原作者、收藏者与海内外学者，尤其是多年给我史料帮助的刘福春先生，以及本丛书的主编陈思和先生和责任编辑李杏华女士致以深挚的感谢，没有他们的诗情和热情，没有他们的学术良知和历史道义，没有他们的诗史意识，我的工作也不可能顺利完成。

作为中国当代文学史上重要而特殊的诗歌现象，"文革"时期潜在诗歌存在和研究的意义既是诗学和诗史层面的，亦是思想史和精神史层面的，在史料的挖掘和研究中，我自身亦感受到某种精神传统的延续，我为诗、人、历史而感动、感谢。从1999年开始研究"文革"文学与中国当代诗歌，到现在这本诗选的编订完成，时序易易，已近6年。遥想那些青春和生命的印痕，也许就潜隐在每一页与诗相守的字里行间里——流逝，凝结，永存。

2004年9月8日夜

于南开园

哑默

原名伍立宪。一九四二年生于贵州省贵阳市。一九六三年高中毕业于贵阳五中。一九六四年起开始在贵阳市郊区野鸭塘小学任代课教师。现退休居于贵阳市。一九七九年，自印诗集《哑默诗选》（包含《美与真》、《苦果》、《大地·民族·潜力》、《在灵光永耀的星球上》等）。先后正式出版有《乡野的礼物》（贵州民族出版社一九九〇年版）、《墙里化石》（中国致公出版社一九九九年版）、《见证》（美国柯捷出版社二〇〇四年版）等。

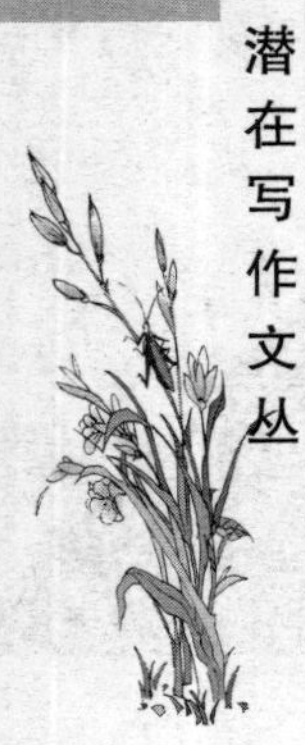

美与真[①]

我是一个诗人。

我的诗，像秋天的落叶，离开了它的母体，投入大地的怀抱，它将变成肥料，滋养早生华发的新叶和枝条。

我的诗，没有国度、没有民族、没有时间和空间，它属于所有的人，属于人类的过去、现在和未来。

我的诗，是人类永恒的期待和向往，是人性真实的流露，是心灵和情感的呼唤，是理性的诚实的声音。

我的诗，是平和的，简单的，如泉水的清澈，童稚的纯真，雪花与冰晶的朴实、明净。

我的诗，在我的爱中，在每一个人的心中，当你强烈地感到爱之乐、恋之苦、生之美时，那就是我的诗。

——1973 年 10 月

① 《美与真》是哑默自印诗集，以此为名最初曾于 1973 年整理抄录在手抄本上。1979 年摘选部分诗作收入自印诗集《哑默诗选》。1999 年诗人以《美与真》最初手抄底稿为主重新打印编成《先驱诗人哑默》，部分诗歌有所改动。本书所选作品主要依据《哑默诗选》的版本，其他未收入《哑默诗选》的部分诗作则依据《先驱诗人哑默》版本。

海 鸥①

我的朋友，
当我听见急促的雨声，
我疑它是海的波涛。
有多少次
在晨光初现的黎明里，
我来到沙岸上
默默地注视着你，

我的朋友，
当季风又吹绿海湾，
时光像海帆消失于天际。
有多少次
在暮色深沉的黄昏里，
我来到沙岸上
向你询问远方的信息。

1963 年 7 月

① 《海鸥》（两首）、《夜路》、《荒野的婚礼》选自哑默自印诗集《哑默诗选》与《先驱诗人哑默》，均为“文革”前所作，本书收入以作参考。

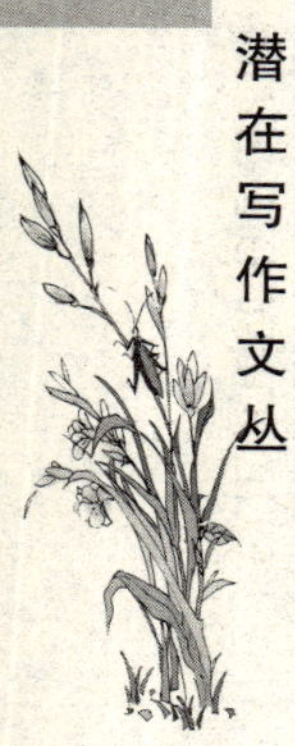

海　鸥[1]

小小的翅膀上
翻卷着大海的波浪

光洁的身子
饱吸露珠和阳光

细长的尖嘴
衔来星空和汪洋

迎着潮汐呼叫啊
唤着沉默的同伴

1965 年 7 月

① 此诗在收入哑默正式出版的诗文集《乡野的礼物》与《墙里化石》时，“光洁的身子”改为“身子净洁”。

夜路

在漫长的夜，
我们默默地走在路上，
你低着头不给我说什么，
为什么你的眼睛这样忧伤？

在清明的月光中，
山里的雾霭向路上弥漫，
单调的脚步声不曾间断，
为什么你的眼睛这样黯然？

桥下的溪水淙淙，
像一首悲伤的曲子在峡峪中飘旋，
晚来的夜风吹乱了你的黑发，
为什么你的眼睛这样哀怨？

我用爱来浇灌这朵小花，
但她却深隐不安，
像一束暴风雨劫后的玫瑰，
为什么你的眼睛这样惨淡？

1965年8月

荒野的婚礼①

夜路，
多么漫长！
没有风、没有月，
肩膀紧挨着肩膀。

夜路，
多么漫长！
周围是寂寥和黑暗，
脚步发着单调的声响。

夜路，
多么漫长！
燃烧的眼睛向我凝望，
嘴唇含着微香……

夜路，
多么漫长！

① 此诗选自《哑默诗选》，后收入正式出版的诗文集《墙里化石》。

没有祝福的婚礼，

新娘躺在荒野的床上！

1965 年 8 月

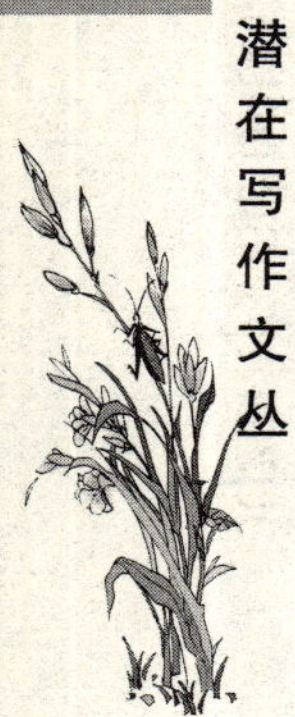

秋日的风

秋日的风，
你是严冬的前奏，
生命的尾声，
繁生的万物，
在你的催眠下安息。

秋日的风，
你不声不响不露面，
用轻稳的步履吹过田野，
使天气渐寒，
木叶枯竭！

秋日的风，你把忧郁渗进动荡的人生，
把痛苦带进美好的冥想，
在这秋日的早晨，
你送走生命的欢乐，爱情的希望。

秋日的风，
你吹吧！吹吧！吹吧！
当严冬即近的时候，

把爱火吹灭，

把炽热的心吹冷！

1966 年 9 月

暗夜的举火者

想起了一件事

想起了一件事，
使我的心动荡，
在一个初夏的黄昏，
我第一次用羞涩的目光向她注视。

想起了一件事，
使我的心温暖，
在一个深秋的夜晚，
爱情带来了初欢。

想起了一件事，
使我的心无言以形容，
冬夜的风雨在屋外阵阵吹送，
纯洁和青春浸沉在爱的顶峰！

想起了一件事，
使我的心悲恸，
不忠实的少女背弃了我，
我多么的苦痛！

1967 年 12 月

鸽　子[1]

白色的闪电
划过阴暗的天

柔软的羽毛
没有屈服在狂暴的风前

云海收下了这片帆
孩子听不见哨笛的声响

1968 年 1 月

① 《鸽子》收入《乡野的礼物》与《墙里化石》时，诗中“阴暗”改为“阴沉”。

鸽子

我望着深远的蓝天，
晴空下，几颗闪烁的白点，
那是我儿时的伙伴，
在快乐地飞翔、向我召唤。

自由的鸟儿、洁白的精灵，
你穿越雪山之巅、你飞进森林荒原、
你渡过大海汪洋、你去到异国他乡。

自由的鸟儿呀，你可知道：
在哪儿，生活的春潮在猛涨，
在哪儿，太阳散发着璀璨的光芒，
在哪儿，有我熟悉的朋友，
在哪儿，找寻忠实的侣伴，
或是一支歌……能唱出我心声的地方？

1968 年 1 月

海

大海呵，大海！
我的心
　　飞过雪封冰冻的高原，
　　穿越群山峻峭的峰巅，
　　冲决迷离的雾霭。
扑向你的胸怀。
大海，
你是生命的母亲，
　　自由的巨人；
我带来溪流的问候，
　　江河的崇敬；
我用青春的激情
　　倾诉我对你炽热的爱！
大海，
当黎明的曙光初现
　　你是那样地含蓄腼腆，
当天边的旭日初升
　　你又以金红的容颜
　　去迎接一个伟大的诞生！

大海，
我沉浸在你庄严的宁静中，
我沐浴在你清新的空气里，
幻景般的碧海蓝天——
　　展示着大自然的奇异，
是朝阳使你绯红了面容？
还是你使朝阳无比瑰丽？！

海啊，
一望无垠的海，
沙鸥，在你的水波上翩飞，
海燕，在你的迷雾中展翅；
点点的白帆闪烁
　　在云端上
　　在天与水相接的地方；
你蔚蓝的海水
　　荡漾在我的脚前，
你溅着泡沫的微波，
　　叩击着高耸的岩畔，
　　卷起千堆雪，
　　使烟雾弥漫；

海啊，
你是这样温柔、徐缓，
这样广阔、明朗；

你那带咸味的、湿润的空气
　　我怎能不饱饮？
你那辽阔的奇异美景
　　我怎能不收进眼底？
在你的怀抱里
　　我激动得不能安宁……
自由，是多么可贵，
生活，有多么壮丽！

黄昏，披着淡红的轻纱
　　悄悄走近，
夕阳，移着无声的脚步
　　冉冉西沉，
你在落日的余晖中
　　微微地动荡；
你用双手
　　轻轻地、轻轻地
捧起晚归的渔船，
　　然后放到沙滩上；
你把温暖的海风，
　　阵阵地、阵阵地
对棕榈树下的情人吹送；
海啊，
　　你该有多么平静
　　　　多么安详！

夜,
　　布满繁星的夜,
给你戴上茫茫的面纱,
月亮,用晶蓝的光华向你谈话,
你,以万千闪光的微笑还他,
海啊,
你的洁白,正如你的浪花,
你的明净,胜过少女的眼睛!
你安睡吧,
　　静静地安睡吧,
我——一个远方的人
——伴陪着你,
他没有勇士的英武,
也没有诗人的竖琴,
他只有
　　只有一颗赤诚的心!

大海!
有时天气的阴霾
　　在你的上空降临,
黑黑的云层
　　紧紧地压住你的胸脯,
抑闷的痛苦呀,
　　好像要迫使你窒息,
在晦暗的微光里

　　你显得又冷漠、又寂静，
你苍茫的暮色
　　使我的心多么忧郁，
你无声的沉默
　　引起我遥远，遥远的回忆：
我记起
　　那群山中
　　一个小小的山村；
我记起
　　那月光下
　　山路萦回、崎岖；
我记起
　　那曾一度
　　慰藉过我心灵的少女……
当海风吹起浪涛，
可否是她在低语？
　　在微笑？
我好像，又听见那熟悉的旋律，
　　　　看见那秋叶飘落的丛林，
　　　　和她永不消失的身影！……
海啊，海！
我的痛苦呀！
和你一样深沉！……

大海！

我爱你的早晨、
　　你的黄昏、
　　你的闪光、
　　你的阴影。
然而
我更爱你的波涛、
　　你的呼啸、
　　你惊天动地的怒吼、
　　你卷起狂澜的咆哮！
在你的风暴里
　　我没有一点畏怯，
　　也不感到恐惧；
尽管，
我年轻的心
　　几经高原的风霜
　　蒙上层层苔衣；
尽管，
我短促的生命
　　几经天际的沉雷
　　频频锤击；
但是，
我脆弱的灵魂
　　没有历经过

　　暴风雨的血的洗礼！
我还没有更坚定的信念
　　去迎接
　　整个大地上曙光的升起！
大海，
　　你更大声的呼啸吧！
大海，
　　你更有力地掀起狂澜吧！
我要用你的海潮
　　冲洗我的胸怀，
我要用你无尽的潜力
　　使热血涌起
　　　　生命澎湃！

大海啊，大海！
我行将别你而去
但我的心呀，
　　我年轻的心
却永远留恋在你的身旁，
我不能再默默无语
　　也不再温良、沉静！
我要用青春和生命
激情、信念和热忱
饱和我的血液，

让它燃成不灭的烈焰
熔化天幕、烧开地牢，
和你一起呼吸
和你一起狂欢舞蹈！

1968 年 2 月 26 日

如果我是……

如果我是海燕，
我要用锋利的黑翼，
　　在海空划下一线；

如果我是飞鹰，
我要展翅冲霄，
　　刺破阴沉的云天；

如果我是雄狮，
我要用震天的怒吼，
　　唤醒沉睡千年的群峰；

如果我是长鲸，
我要喷起万丈水柱，
　　使大海翻腾！

如果我是雷霆，
我要从万仞云端，
　　击进无底的深渊；

如果我是闪电，
我要用蓝色的利剑，
　　劈开无光的暗夜；

如果我是狂飙，
我要带着召唤和呼啸，
　　把一切腐朽的吹卷；

如果我是海涛，
我要汹涌咆哮，
　　把大地的罪恶冲刷！

如果我是丹科，
我将取出闪光的心，
　　引导黑暗中的人群；
我将刺破血管，
　　让血液喷射，
　　让天宇染上自由的颜色！

1968 年 2 月

春天、爱情和生命

人，没有爱，
　　就像春天没有生命和色彩。

一颗没有爱的心，
　　永远空虚忧郁，
像灵魂在长街游走，
是孤影在河畔独泣。
当忧伤的歌在深夜低吟，
　　那是一颗孤寂的心，在无语叹息；
当一道弧光划破夜空，
　　那是一颗陨落的流星，孤孤零零；
……
生命本来就够短暂，
怎能放弃爱的权利。
尽管在这个世界上
　　天气会阴沉、雷雨阵阵，
　　暴风雪会来到、狂风猛袭，
　　人，会遭到致命的不幸，
但应深信：
　　春天、爱情、生命

每一颗跳动着的心
都渴望着你！
当迎春花
在藤蔓上开放，
当枯树枝
吐露翠绿的嫩芽，
当小燕儿
在房檐下衔泥筑巢，
当人们
撤下火炉、打开门窗，
……
春天来了！
春天来了！

春天啊、春天，
有什么能比你更使人如痴如醉，
有什么能比你更使人情动心间？！
早开的桃花
用缤纷落英
铺成一条粉红的路
让你的足迹走遍天涯、寻尽芳草！
高飞的云雀
用快乐的歌声
唱出衷心的赞美
把你的微笑从地面带到碧霄！

春雨啊、春雨，
你浸润大地，
　　使万物繁生，
你流进心田
　　使我的激情飞溅！
春风啊，春风，
你吹过树梢，
　　把信息早报，
你唤醒了心儿
　　鼓动生命的春潮！
看哪，
浩瀚的人海
　　掀动起伏的波涛
　　想把蓝天拥抱；
巍峨的峰峦
　　争高直指
　　为使流云缭绕；
解冻的冰河
　　流水统统
　　把碧空映照；
欢快的鸟儿
　　竞换丰美的羽毛
　　为了回应同伴的感召！
人呵
纵情你的歌喉

去欢唱

山野、田园、森林；

极尽你的目光

去饱览

日月、星辰、大地；

张开你的双臂

放开你的生命

去拥抱每一个绚丽的春天，

去迎接每一个新生的黎明！

让那敏感、纯洁的心

去浸透

滴进我们心灵的爱，

流进我们心灵的情！

钟爱那世上的美好、善良，

怀抱你的希望、幻想，

爱的强烈充溢在我们的心间，

爱的甜蜜会滋养出珍异的花环，

朵朵的思之花

在人生的旅途上

披满彩霞、迎着春阳、

晶莹闪烁、含香怒放！

春天来了！

生命在疾呼，

生命在高唤，

生命在用蓬勃的生机
　　冲决着一切桎梏、束缚，
生命啊，生命，
　　你争得每一分自由、一寸光阴，
　　都要千珍万惜：
　　你的步履，一步一印
　　都要留下人道的足迹；
　　你殷红的血液、洒在大地
　　化作春花，哪怕点点滴滴，
生命呵，生命，
　　你更要焕发青春，
　　使生活多彩绚丽！

春天——爱情——生命，
生命——爱情——春天，
让我们
　　时时有更新的生命，
愿生命
　　时时有更美的春天和爱情！

1968年6月

我在桥旁等你……

当黄昏临近，
我在桥旁等你，
晚霞把天空染红，
宿鸟急急地飞行，
那烧燃的河水，
正如我不平静的心。

你诚挚的爱，
把我的情感重新唤醒，
你无声的低泣，
向我吐露了痛苦的郁积，
你纯洁的眼睛，
像一股清澈的流水，
净化了我的感情。

当你在期待着一颗温诚的心，
另一颗心也在找寻着你，
即使是意外地相遇，
也会紧紧地贴在一起，

暗夜的举火者

当黄昏临近，
晚霞把天空染红，
宿鸟急急地飞行，
我，在桥旁等你……

1968 年 6 月

月亮

月亮，
你静静地走到中天，
暗蓝的天空
像冰冻的银屏在你的身后，
那些轻飘飘的浮云
匆匆地掠过你的胸前，
仅有的几颗星星在闪烁呀，
离你又多么遥远，多么遥远……

月亮，孤独的月亮，
你苍白而寂寥地漫行，
但你柔和的光华，
给暗夜予照耀，
给寻路的人予亲切的微笑。

1968 年 10 月

秋天

在橙黄的田野，
我已辛劳了一天，
但并不感到困倦，
是收获带来的喜悦。

雨后，夕阳与彩虹辉映，
果实堆放在草坪，
是辛勤的劳动，
田野变成金子的颜色。

淅沥的秋雨，
漫山遍野飘洒，
是深秋的雨滴，
使万物散发成熟的气息。

秋天，收获的季节，
人生金黄的时刻，
我不停地播种和耕耘，
在秋日得到丰硕的回报，
当我把这一切都给予人世，
严冬又怎能使我烦恼？

1968年10月

在茫茫的黑夜

在茫茫的黑夜，
人们沉睡了，
乡村沉睡了，
我醒着。

在茫茫的黑夜
寒风冷雨从田野上匆匆跑过，
逼着人们在屋里蜷缩。

一道亮光照进我的思想，
一股猛烈的热血在我体内奔流，
一簇无焰的烈火在我胸中燃烧，
我在黑暗的雨地里奔跑。

雨，你冰凉的水滴淋湿了我的全身，
　　却渗不进我的心，
风，你凄厉的嘶叫使人身震欲裂，
但不能把我的呼声压倒，
沉沉的夜，
你就布满你的黑色的网罗吧！

即使铺天盖地，
生命的种子还是要绽苞！

在茫茫的黑夜，
人们沉睡了，
乡村沉睡了，
我醒着，
我在黑暗的雨地里奔跑……

1968 年 11 月 27 日

晨　鸡[1]

你不甘寂寞的啼叫，
把我从长夜唤醒。

为了迎接那一个时刻，
我穿过寒夜的风雨。

四野沉寂……
也看不见艾草青青……

1968 年 11 月

① 此诗选自《哑默诗选》，后收入《乡野的礼物》与《墙里化石》时，删掉了全诗的标点，第三行“一个”改为“庄严的”，最后一行“看不见”改为“不见”。

黎明的晨光啊，你何时到来？

茫茫的夜雨洒过田野，
沉沉的雾霭从水面升起，
丛林中没有一只鸟儿在啼叫，
天顶上没有一颗星星在闪耀，
是万籁死寂的夜，
在黑幕低垂的旷野荒郊。

旷野的风吹起我单薄的衣裳，
混沌的夜把我紧紧地围裹，
我沉重的心，
是什么
使你鲜血淋漓？
我痛苦的思想，
是什么
像无数条水蛆在把你吸吮？

在急迫的热望中，
我穿过黑暗的野地，
奔到那最高的峰顶，
遥望着黑沉沉的天幕，

从窒息得发痛的胸中

发出深深的呼询：

漫长的黑夜啊

你可有尽头？

黎明的晨光啊

你何时到来？

1968年11月28日

山城行

静静的群山，
　　你沉睡了多少世纪？
飞奔的列车，
　　你驶过多少里程？
茫茫的云雾在山间弥漫，
　　山城啊，山城，
　　　你在何处？

列车奔驰了多少昼夜？
越过了多少峡峪、森林？
此刻在平稳地行进，
滚滚的大江、
冲积的沙洲、
片片的白帆、
都在我身后退去，
在晨曦的微光里，
我看见那山的身
　　　　城的影！

我的心呵，

你应该平静、平静！

是谁把层层山峦开凿？
是谁把一座古城送上千尺万仞？
雾霭缭绕着山岩？
那倚山而筑的城池，
显得虚无缥缈，
像云中仙境，
但又巍立在我眼前。
山城啊、山城，
人们的艰苦与辛勤，
把你几朝装点
　　几朝换新！

在山城的港湾，
夏夜来临，
从无际的天边上，
有钻石、珠玉、金粒撒向江心，
那布满眼帘的闪光，
是天上的星斗？
　地上的灯火？
还是江水的倒影？
江水闪着夜光静静地流去，
船舶载着旅客缓缓地慢行，
我注视着船的灯影直到消泯，

一种深深的渴望
引起我对生活无限的向往。
清晨，
在江畔的悬岩上，
看大江东去、天际风帆，
江水啊，江水，
你冲山劈岭、日夜奔流，
纵有巨石、暗礁的阻拦，
你仍百折不回、风雷雪浪、
直驱大海、终年不息！
江水，你送走了多少远航的船？
江水，你载走了多少远行的人？
嘹亮的笛鸣掠过开阔的江面，
惊起水鸟，展翅冲霄，
唤醒船家，千帆相竞！
久久不息的笛声呵，
仿佛生之召唤
频频催我启程！

山城啊，山城，
你对我多么亲近；
滚滚的江水呵，
　　请映照我的微笑，
深深的山峪啊，
　　请回应我的足音，

片片的云霞啊，

　　请捎去我的敬意，

远逝的帆船

　　请带走我渴望自由的心！

1969 年 6 月

是谁把春天唤醒[①]

大地不再沉睡，
河面漂着浮冰，
万物都复苏欲动，
是谁把春天唤醒？

我的心，
你如此地渴求，
是谁把你唤醒？
是春潮解冻的脆裂声，
还是——
从“她”所在的岛上吹来了
一丝清新、甜蜜的气息？

1969年7月

① 此诗选自《哑默诗选》，收入《乡野的礼物》与《墙里化石》时，删掉了全诗的标点，第2行“漂”改为“飘”；第3行删掉了“欲动”二字；倒数第2行改为“从她那里”。

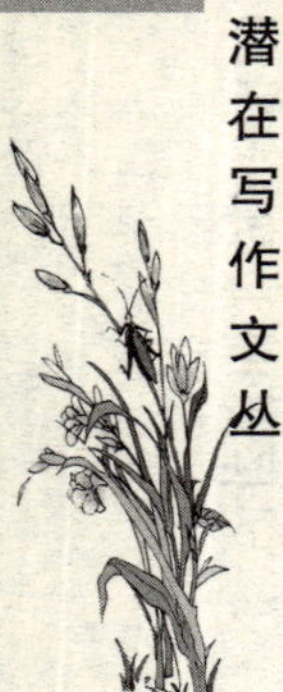

浸 润

没有声响，
也没有动静，
像黎明走近，
朝露降临，
你浸润我的生命，
我的心，
向你飞去……

漂泊的灵魂，
动荡的心，
在无言的深情中，
它重又感到，
生的可贵，
爱的纯洁、真挚和温情。

1969 年 12 月

晨曲

一个早晨，
一个阳光璀璨的早晨，
我，走在一条无边的路上，
生机、爱情、追求、渴望、
还有那日益完善的信仰，
向着未来的世界
向着生命和它将要拥有一切！

热爱生活的人啊，
生活会给你双倍的报偿！

1970年

我的房间

阳光照进我的房间，
栀子花正开得茂盛，
光明和幽香，
这是一个平常的早晨，
圆帐、被子、床单虽已理好，
书架、桌上还乱放着书笔纸张，
窗前的乐谱随风翻动，
吉他斜放在凳子上，
提琴上松香凝如雪霜，
红笔把谱上重重地划了好几处地方，
烧杯、试管、曲颈瓶、
锑锅、铁桶、工具箱、
水壶、罐头、煤油炉……
是手稿也是引火的纸堆放在地，
蟋蟀在里面做窝，
蚂蚁在其间穿行，
墙角靠着锄头、斧子，
还有渔网、猎枪和一顶草帽。

1970 年 8 月

夜

夜，

宁静的夜，

在炎热的白昼之后，

散发着浸透人心的清凉。

月色笼罩四野，

大地镀上一层蓝色的光芒，

走出我居住的小木屋，

在野地里游荡。

汽车在远处的公路上奔驰，

车灯在林间闪亮，

泥土湿润着气息，

草灰略带苦味而新香……

小河的水

仍像白昼那样欢快流淌，

碧绿的苔藓爬满石头，

蝙蝠夜翔、萤火闪光、

蟋蟀、知了、夜蝉、

还有稻田里的蛙声……

一齐在交配的季节欢唱，

野百合、水仙、红山茶、
在静静地等待黎明的初光……

夜

宁静的夜，
似恋人的心，
你真否宁静？

1970年8月

思　乡

昔别故乡去，
今为他乡人，
万里长风吹不断，
总是思乡怨。

新岁复旧年，
事事多变迁，
清水溪畔忆亲人，
门前枫树红几遍？

路遥茫无边，
云雾与山连，
茅屋檐下常悲秋，
数尽南飞雁！

白雪飘窗前，
柴湿无炊烟，
异乡长夜寒彻骨，
明月何时上中天？

月白天青照荒原，
风沙吹断儿心愿，
故乡远，故乡远，
望断关山梦魂悬！

1970 年 8 月

黄昏的云

静静
静静
黄昏的云
在天边、在山的极顶，
淡蓝、乳白、粉红、金黄、古铜……

一只小船，
在故乡的河中，
流水清澈、细石莹莹、
小桥上似乎还有人在走动。

一个牧童，
用牧笛呼唤着羊群，
赶过长满青草的池边，
晚归羊圈。

天山的野菊，
从深山幽峪
走向人间。

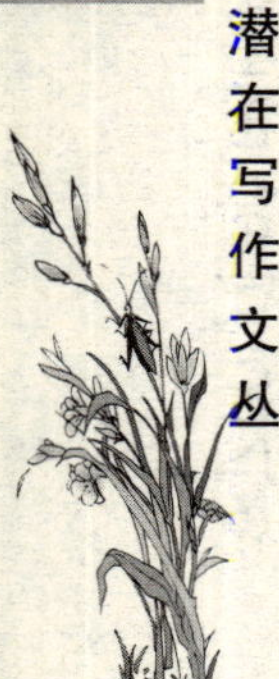

一张波斯地毯，
奇花异卉、美丽斑斓，
用云霞和霓虹织成，
铺在人迹走不到的地方。
一辆三套车，
奔驰在茫茫的雪地，
驾车人的呼哨
远远地来自天边。

中亚细亚沙漠，
瀚海流沙、骆峰雁翅，
古老的商队在艰难跋涉，
一瞬间飓风又卷起沙柱冲天。

无数的野马，
在阿拉斯加、墨西哥的荒原，
向着远处的地平线，
鬃扬蹄翻、滚滚移动。

塞外的古战场，
烽火狼烟、金戈铁马，
胡骑笳声、呼哨嚎叫，
气吞万里如潮。

古罗马、希腊、阿拉伯的传说，

一篇神奇的童语，
无数的雕刻、塑像、飞禽、走兽、
用美丽的色彩画在天空。

安第斯山的风暴，
挟着冰雪、雨、雹，
吹过智利的高山、峡谷，
遍布南北美洲。

阿尔卑斯、喜马拉雅的雪峰，
俯视着它脚下的一切，
以巍然磅礴的气势，
象征着智慧、伟大和荣耀。

长江、恒河、多瑙河、密西西比河，
蜿蜒曲流、灌溉田园，
白浪滔滔，冲溃堤岸，
奔腾万里、滚滚而去。

尼亚加拉的瀑布，
从河床向下直泻，
以诗人的激情
让泡沫和水花闪着光彩飞溅。

美丽的海，

黑海、地中海、亚得里亚海，
沙鸥飞翔、风帆点点、
海空相接、天水蔚蓝，
浪花轻轻推上沙滩。

咆哮的汪洋，
大西洋、太平洋、印度洋……
潮水冲洗着海岸
掀动波涛、巨浪，
呼啸、汹涌、怒吼，
翻腾在万里长空。

一幅辽阔的世界版图，
山脉逶迤、河川如网，
湖泊星罗棋布、城市崛起，
伦敦、巴黎、纽约、东京、北京、莫斯科……
财富汇集、巨厦、烟囱林立。

原子能的爆炸，
云烟、飞沙、奇光、强热、气浪，
卷成奇异的蘑菇云，
褐色的柱头爬上天顶。
一艘宇宙飞船，
流线型的船身
载着人类古老的梦幻，

穿过云海、气层、星群，
飞往月球、火星、太阳、云河、宇宙！
……
黄昏的云，
在落日与云霞辉映的太空，
演变着，
人类历史的过程：
智慧的结晶、
生活的丰美、
自然的瑰丽、
世界的宽阔、
宇宙的无垠、
……
我爱你，
美丽的云，
在静静的黄昏。

1970年9月

启明星[1]

你是桅杆上的一盏孤灯，
出没在灰蓝的沧海。

浓雾没有把你吞没，
始终向着
夜的另一彼岸航行。

沉重的锚不曾抛下，
把自己
交付给黎明……

夜色褪去，
大地在天空
看见自己的倒影。

1970 年 9 月

---

① 此诗选自《哑默诗选》，后收入《乡野的礼物》与《墙里化石》时，删掉了全诗所有的标点，第 3 行“没有”改为“没能”，第 5 行删掉“另一”，第 8 行删掉“付”字，倒数第 2 行删掉“在天空”。

河　水

清清河水
铺成碧绿的路，
从小山下流过，
在丛林中弯曲，

清清河水
流过峡谷、草甸、磨房，
流过我的心上，
在枝叶覆盖的河岸，
有一块我和她常坐的地方。

1971 年 1 月

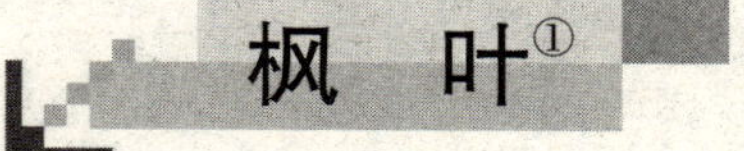

枫　叶[①]

飘落的枫叶
是秋之希望

飘落的枫叶
是爱的留影

飘落的枫叶
是火红的星星

我拾起希望
我拾起留影
拾起火红的星星……

1971 年 1 月
花溪

① 此诗选自《哑默诗选》，与《先驱诗人哑默》的版本有较大差异，全诗如下：飘落的枫叶，/你是秋之希望，/在繁花盛开的夏季，/你谦逊地为人们垂着绿阴。//飘落的枫叶，/你是爱的象征，/当冷风阵起，冬已临近，/你虽飘离枝头，/对生活仍抱以最后的热情，/像颗火红的星星。//枫叶，静美的枫叶，/我把你采摘，/让你帮助我记忆，/就在这条熟悉的小路上，/我曾有过的爱情和友谊。

雪　花[1]

飘，飘，飘，
雪花
轻落在田野、山林、小桥，
覆盖了田埂、大路、小道，
磨房边流水淙淙，
你与溪水一同欢舞。

雪花，雪花，
你是云、雨、露的结晶，
你是纯洁的爱的精灵；
你来到人间
世界就一片明净。

雪花，雪花，
愿我永远像你

① 此诗选自《哑默诗选》，与《先驱诗人哑默》版本有所不同，第 2 行改为“洁白晶莹的雪花”，第 7 行改为“雪花，滋润的雪花”，第 10 行开头增加“每当”二字，第 11 行“一片”改为“充满”，第 12 行改为“雪花，漫天飞舞的雪花”，第 13 行“像你”改为“像你那样”，第 14 行句末省略号改为逗号，第 15 行改为“就像在初冬的雪地里一样”，第 16 行改为“永远感受清新！”

欢乐、纯洁、美丽、晶莹……

啊，

初冬的雪地多么清新！

1971 年 1 月

花溪

春之声

婉如一曲明丽的新歌，
春到花溪，
我沿着弯曲的河畔，
寻找春天的足迹。

河水哟
你深藏着温暖，
送走最后的浮冰；
花洲上的水鸟哟
你声声啼叫，
可是为了早发的春情？
嫩绿的小草
你最先听到春天的足音，
用细小的生命拱开古老的地皮；
初生的牛犊哟
你在野地里哞叫，
可是嗅到干草发酵的气息？

花溪的春天，
我早就强烈地感到你的走近，

每当在这样的早春，
就总有一曲新歌，
响起在我的心灵。

1971 年 3 月

生活[1]

生活——
一条漫长的路；
一部小说集中的短篇，
有时，
它似乎停滞不前；
有时，
短短的一瞬
　　却成你生命中的永远！

生活——
一个恋人。
她使你痛苦，
也给你欢乐。

有时
为期待那幸福一刻的来临，
好像时针已在一个字上冻结；

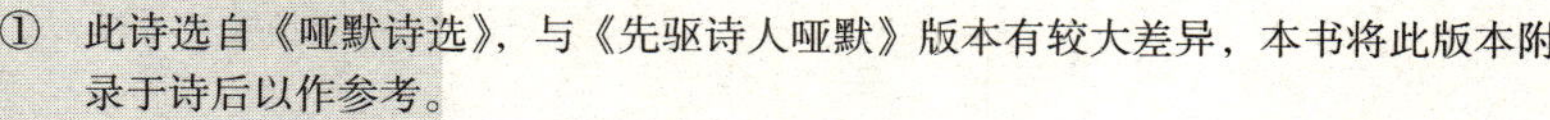

① 此诗选自《哑默诗选》，与《先驱诗人哑默》版本有较大差异，本书将此版本附录于诗后以作参考。

有时
你又会恼恨
　　时间太短暂，太急迫！

生活——
一首无言歌。
把你带回对往事深深的怀念，
也会引起对未来强烈的渴望；
有时
它低沉的旋律
使你的心在胸怀里叹息；
有时
它又把你带到一个
广阔、明朗的世界里。

生活——
一位美丽纯洁的少女。
你珍爱她
她是你的
她爱你
带给你苦痛、欢乐、灵感和信心
为你的命运
穿上灿烂辉煌的新衣！

1972 年 1 月

附：

生　活

生活，是一条漫长的路，
　　　也是一部小说集中的短篇；
有时候，你会觉得它似乎停滞不前，
　　　　但有时，短短的一瞬间
　　　　却成了你生命中的永远。

生活，像一个恋人，
　　　它会使你感到苦楚，
　　　但也给你带来更多的欢乐；
有时候，为期待幸福一刻的来临，
　　你觉得对针似乎已在一个字上凝结，
　　但有时，
　　你又会恼恨它这样短暂、急迫！

生活，像一首无词歌，
　　　它会引起你对往事深深的怀念，
　　　也会激发你对未来迷茫的渴望；
有时候，它低沉忧郁的旋律，
　　　　会使你心在胸怀里叹息，
　　　　但有时，
　　　　它又把你带到一个广阔、明朗、
　　　　希望的世界里！

生活，是一位纯洁美丽的少女，
　　　你要珍爱她，好好地待她，
　　　她是你的，
　　　因为你是她灵魂的主人；

但你也是她的，
她给你痛苦、欢乐、灵感和信心，
为你的命运穿上灿烂辉煌的新衣！

1972年1月

心之歌

我的心，
蕴涵整个世界，
包罗万千宇宙，
我的心，
潜藏人类的过去、现在和未来，
从单个的细胞到巨大的生物，
从微小的原子到无量的天体，
从无机物到有机物，
从原始的到高度发展起来的……
我的心无所不包、无处不在，
它在渴求、在探索、在呼唤、在行动、在以
生命特有的力量鼓动着。

我的心是广阔的：
它从我身上小小的一隅引向广袤无垠的世界，
草原从这里铺展，
丛树在这里成林，
河水在这里汇集，
无尽的大路从这里引伸；
行者在这时跋涉，

骑者在这里驰骋，
吟者在这里尽情，
歌者在这里放声，
疲惫者在这里憩息，
寻宝者在这里挖掘，
车辆在这里行进，
生活在这里膨胀和沸腾！

我们心是热烈的：
它惊异这喧嚣的世界，
当太阳升起的早晨，
农人在清晨的微风中下到地里，
工人在汽笛声中涌向工厂，
医生在准备净洁的器械和药品，
教师夹着课本就要走上讲堂，
自行车像潮水一阵子涌过，
孩子背着书包走向学校，
乡村大道上成排的桦树微微含笑，
鸭群拍打着翅膀扑进池塘，
……
我的心跟生活一起运转，
我的心在以热烈的节拍跳动！
我的心是歌唱的：
它歌唱激剧变化着的时代，
它歌唱未来的世纪，

它歌唱一部富于创造性的历史，
它歌唱每一个生命特有的价值，
它歌唱人权和自由，
它歌唱所有的国家、民族、人种、
它歌唱男人、女人、长者、孩童、
它歌唱自然界所拥有的一切！

我的歌声
来自清晨湖边笼罩着雾霭的芦苇丛中，
来自喧嚣的瀑布和阳光下飞溅的水珠，
来自雪崩的呼啸，
来自大海的狂欢舞蹈，
来自雷雨后臭氧的清新，
来自大地和粪肥混合的气息，
来自荷叶上滚动的水珠，
来自淡蓝色的云雾在远山上升起；
我的歌声
来自一幢最新式的高耸入云的建筑，
来自一粒刚播下的细微的种子，
来自一艘就要出海远航的巨轮，
来自一片悄悄掉进奔流溪水的树叶，
来自一艘射向太空的火箭，
来自冥想的羽化而登仙；
我的歌声
来自城市的喧嚷、繁华，

来自云层中飞机发动机有节奏的巨响，
来自商店玻璃橱窗美妙的陈设，
来自被夜雨淋湿的街道，
来自农家茅屋上袅袅升起的炊烟，
来自野花盛开的嫩绿的原野，
来自布谷第一声清脆的啼叫，
来自孩子们纯真悦耳的童音；
我的歌声
来自一对情侣在街灯下漫步，
来自在老人牵着孙儿散心在绿阴间，
来自少女春潮冲动，
来自恋人深深地痴情；
我的歌声
来自大地深处，
来自云端霓虹，
来自深山幽峪，
来自人们的心灵，
而心的歌只有在心灵里才能找到最美的回声！

我的心是滋润的；
它向大地慷慨地倾泻温暖的阳光，
像一条河水流过芳草丰盛的牧场，
像一片精耕细耘的土地，
我身上不断地输出鲜美的养液，
使灵感产生、智慧成型，

使懦弱的坚毅、退避的顽强、
使一切良知发芽、生长，
在这里
人们会找到立足生根的地方。

我的心是爱恋的：
它爱这世界上一切有形的和无形的美，
它为美的存在而欢乐，
它也为美遭到逆运的摧残而忧伤，
它偏爱青年的朝气、壮实、丰满，
它亲近老年的平静、智慧、慈祥，
它在秋天和照的阳光下懒懒地沐浴，
它在没有一系纤尘的境界里玄想，
它在深冬的雪野里闻到早春的气息，
它看见种子拱破泥土长出透明的嫩芽，
它听见鸟儿在用一种奇妙的语言相唤，
它偷听爱者在依偎中絮絮的私语，
它在初恋的接吻上久久留停，
它期待少女纯洁而羞涩的注目，
它欣赏妇人成熟的、母爱的微笑，
它懂得心弦该怎样撩动，
它知道精神和精神怎样沟通，
它理解思想与思想怎样识别，
它对感情深深地爱惜和尊重。

我的心是温暖的：
它和家人在一起，
它和所爱的人在一起，
它和朋友们在一起，
它和相识或不相识的人们在一起，
在溪流解冻的春天，
在湖水映照着云影的夏季，
在收获丰硕果实的日子，
在人们围着炉火的时候，
我的心，和你们在一起，
当人们孜孜求索、勤奋进取，
当人们需要温暖，寻找友谊，
当人们处处欢乐，静静休息，
当人们因甜蜜而忘记一切，
当人们痛苦得连呼吸也窒息，
我的心，都和你们在一起！

我的心是渴求的：
它不断地去攻打知识的每一座卫城，
在人类已发现的每一个领域驰骋，
知识在我贪婪的心里错综交织，
它渴望知道它们、谐调它们，
这使它不得安宁、永不停息，
我渴求和贪婪的心在想：
生命为什么这样短暂？

时间和精力为什么这样有限？！

我的心是痛苦的：
为人与人互相卑鄙狠毒地攻击、
为微薄的利益像恶狼一样地斗争，
当人与人被强加的专横压制，
靠法律的关系维持，
当人与人尔虞我诈，
违反人性地相待，
当人与人隔着人为的差距
彼此不能接近，
我的心是痛苦的；
当知识被贱视、鄙弃，
愚昧和无知被供上祠堂，
当人不能依照自己的愿望去生活，
一切被专制死死地钳住，
当饥饿和寒冷威胁着人们，
孩子在母亲的怀中哭啼，
我的心是痛苦的；
当女性被轻薄、良善被辱凌，
当爱情被背弃、恋人被迫分离，
当患者为疾病所折磨，作家失去灵感的清新，
我的心是痛苦的，
我的心深深地痛苦啊！

我的心是狂暴的：

我的心负荷着人类的命运，

我的心面对着整整的一代人，

没有鲜花、没有爱情、

没有欢乐、没有色彩、

没有阳光、没有露珠、

没有乐曲、没有声音、

没有书笈、没有知识。

没有信仰、没有理性、

没有人权、没有尊严。

没有自由、没有平等！

孩子从发声时就只学会用一种刻板、单调的声音讲话，

作者在写第一本书时就只能用一种死气、说教的语言。

画家只能用唯一的、刺目的颜色，歌唱只有一个麻木、干涩的腔调，

而哲学也必须用一种“至尊无上”的主义思维，

……

在那些沉寂的国度。

在那些被暴力强奸了的时代、

在那些颠倒了的生活中、

人的尊严被侮辱了，

人的权利被剥夺了，

人的信仰被强制了，

生命和生活的意义被曲解了，

神圣和美好被亵渎了，

精神被牢牢地禁锢了，

才智被埋没了，
感情被揶揄了，
崇高被践踏了，
良知被铁幕遮蔽了，
爱情被庸俗化了，
友谊被无耻地出卖了，
人，负着繁重的劳动，
人，吃着粗劣的食物，
人，违背自己的良心，
人，蜗居在鸟笼似的屋子里，
人，被微薄的物质欲所支配，
人，不再说一句真话，
人，伸出枯瘦的手向上苍乞求雨露，
人，隔着铁窗渴望自由，
人，用一个步子、一个声音、一个意志、一种意识行动，
人，默默无声、愚昧无知、低头畏首地活着，
人，已经不再成为人！
人，已经不再成为人！！
人，已经不再成为人！！！
我的心，为人类的不幸而痛哭！
我的心，为人为的、冷酷、强硬的、超道德的残忍而耻辱！
我的心在流血：
它血洗这污溅的世界！
我的心在燃烧，
它用火光照亮每一张失血而痛苦的嘴脸！！
我的心狂暴！

它要摧毁和撕碎这禁囚人的、肉眼看不见的桎梏！！！

在最后一个乐章中——
我的心是平静的：
新月姗姗地升上天空，
母亲与孩子微笑着安息，
甘露在草叶上悄悄凝结，
乐曲在最后一个音符上止终，
水手驶进港湾，
拓荒者进入梦乡，
熟透的果子从树上落下，
长者寿终正寝，
……
我的心是平静的；
我的心正如：
一个圣人在人生的峰顶俯视这世界的脉络，
一个孩童在沙滩上与潮水无忧无虑地嬉戏，
一条奔腾过的大河浑然、肃穆地流入海口，
一片秋叶被染上最深、最美的颜色，
我的心是童稚而深沉的，
我平静的心，是人类感情和智慧的结晶，
这颗心呀，
它为人们深深地祝福、拥抱着无量的悲欢和安宁。

1972 年 12 月

红　帆①

长方形的木板，
削尖它的一端，
插根木筷，装上红布，
——一支张着帆的小船。

我和小春子
　　兴致勃勃地下到湖岸，
把船小心放在水面，
再撒上些彩色的花瓣，
让波浪推它向前荡漾……

烟波浩渺的湖上，
几只水鸟在轻飞翱翔，
不知从哪儿响起柳笛，
从水面滑过，在空中悠扬。
红帆随着笛声远远飘去，
我想，

① 此诗选自《哑默诗选》，与1999年重新打印的《先驱诗人哑默》版本不同，本书将此版本附录诗后以作参考。

这是个无涯无垠的海洋，
让红帆把我们的苦衷、希望
　　载到地球那端；
春子摇着我问：
“叔叔，
我们的船会不会被水浪掀翻，
花瓣
会不会被风吹散？”

1972 年 12 月

附：

红　帆

一块长方形的木片，
我把它的一端削尖，
插根木筷装上三角的红布，
这就成了一只张着帆的小船。

我和小春子兴致勃勃地下到湖岸，
把船小心地放在水面，
再撒上些彩色的花瓣，
让波浪轻轻推它向前荡漾。

茫茫的湖上，
几支水鸟在轻飞翱翔，
不知从哪儿响起的柳笛，
从水面滑过、在空中悠扬。

红帆随着笛声远远飘去，
我想，这是一个无涯无垠的海洋，
让红帆把我们的苦衷、希望载到地球那端，
春子摇着我问：
“叔叔，我们的小船会不会被水浪掀翻、
花瓣会不会被风吹散？”

呐 喊

无声的爱，
无言的恨，
在磨折我虔诚的心。
为了这
陈腐的伦理、
古老的道德、
祖传的观念、
虚伪的法制、
人啊，你们还要忍受多少世纪？

为了你，
我的爱，
我的呼吸和声音，
为了每一个人的自由和命运，
人啊，把憎恨集中在你的拳头上
对着那阻碍人性发展的一切疯狂地锤击！

1973 年 1 月

春[①]

拂晓的流雾罩着清澈的河水，
高树繁枝在曙色中莹莹发光，
菜花从田垄漫向葱翠的山脊，
何处的幽香泛滥我纯洁的身心？

早回的新燕低低飞近，
桃林里飘下点点落英，
和煦的阳光温抚着青草，
迷惑的心满溢着怜与爱的柔情。

我生命之源酣醉地畅流，
在这轻盈柔媚的三月苏醒，
悲与欢同沉入迷惘，
灵性里浸透爱的永恒。

1973 年 3 月

① 此诗选自《哑默诗选》，与《先驱诗人哑默》版本有所不同，其中，第 2 行“在”改为“在黎明的”，第 3 行为“金色从田垄漫向山顶”，第 5 行“早回”为“早归”，第 6 行“飘下”为“瞬息飘下”，第 7 行“青草”为“稚嫩的青草”，第 8 行“满溢爱”为“满溢着怜与爱”，第 9 行“我生命之源”为“你使我生命的本源”，第 10 行“三月”为“三月之晨”，第 11 行为“悲与欢在迷惘中融而相浸”，第 12 行为“灵性里沁透你带来的爱的永恒”。

春[1]

你是我生命中的突起
在岁月交替的新晨

你来自遥远而极乐的天际
寒夜也散发着温暖的气息

你给万物都赋予欣欣之美
偷偷地亲吻着情窦初开的蓓蕾

你娇艳作态使晴空孕育闪电和雷鸣
动情的野性蛊惑着恬静的灵魂

你明亮的天光透过云层向大地微笑
孤独者的思绪却报以含泪的珠滴

---

① 此诗选自《哑默诗选》，后收入《乡野的礼物》与《墙里化石》时有所改动。第1行改为“你与我生命共振”，第3行删掉了“而极乐”，第4行改为“使寒夜散发温暖的气息”，第5行删掉了“都”，第6行删掉了“地”、“着”，第7行删掉了“作态”，第9行删掉了“明亮”，第10行删掉了“却”，第12行删掉了“着”，第13行删掉了“在微明中”。

暗夜的举火者

anye de juhuozhe

你用寂寞与欢乐织成双重的网
深深的苦思牵缠着炽烈的痴狂

当新月与朝晖在微明中交融于淡淡的天河
你又反复着一支简单而迷人的醉歌

1973 年 3 月

告诀

我站在一个新的起点，
在人生的夜昼之交。
当我在苦难的襁褓中苏醒，
犹如一个婴儿的初生。
生命的真谛焕发我的灵魂，
古老而刚健的血液在我的血管里奔运，
抛开人的丑恶嘴脸和被污染了的天性，
在爱的明确的祝福里展翅飞升，
当太阳在广阔的地平线上徐徐而起，
我将用歌唱唤醒混沌中的人群，
倾听吧，请倾听！
在云层后，
在霞光中，
一只为人的解放而欢叫着的鹰！

1973 年 4 月 28 日

诗与歌

晴朗的早晨，
绚灿的阳光，
五彩斑斓的世界，
……
我的思想，
带着诗与歌在大地上飞回。

我的诗与歌啊，
你由我狭小的居室出发吧，
驶过历史传统的运河，航向未来的海洋，
从巨厦成群和绿阴遍野的地方行往漠漠荒原，
在万千颗心灵中引起共鸣，
飘浮过白云和彩虹，驰往无垠的天穹，
像一层蓝色的光华萦绕着地球，
又渐次地漫往太空……

我的诗与歌啊，
除了这已有的世界，
你还寻求着更空阔、更充实之所在，
你不要停息和犹疑，

也不必思虑自身的存在或熄灭，
当你无已地激荡和纵情，
你会拥抱整个世界，和它一起运转永存。

1973 年 8 月 22 日

哀 离[1]

以最后的诗章奉献于你的像前，
让它永示着悼别的伤痛哀念。

我将在茫茫的人世徘徊，
怀着浩劫后孤魂的苦悲。

凝视着天空中倏然消逝的日辉，
我生命中殷切以待的光明。

你倥偬的步履有声而无迹，
酷寒的暗夜吞去希望的点点余温。

寂寥中寒彻肌骨的冰冷，

① 此诗选自《哑默诗选》，后收入《乡野的礼物》与《墙里化石》时有较多改动，删掉了诗中所有的标点。第一节删掉了“奉”、“让它”、“伤痛”；第二节第 1 行中删掉了“的”，第 2 行删掉“孤魂的”；第三节删掉“凝视着”、“倏然”和“生命中”，并把“以待”改为“等待”；第四节第 1 行改为“你步履倥偬”，第 2 行中“酷寒的暗夜吞去”改为“带走”；第五节第 1 行改为“寂寥心灵”，第 2 行改为“撒裂着心灵”；第六节删掉“理智和”、“沉”、“黯哑而黑暗的”；第七节删掉“曾用情爱”、“熠熠起焰而”；第八节、第九节均被删掉；第十节第 1 行被删掉，第 3 行“一次又一次地”改为“一次次地”，诗末的创作时间改为“1973 年 11 月”。

啃啮和撕裂着创痛酷烈的心灵。

苦寻着已被茫然的理智和人性，
四周却沉垂着喑哑而黑暗的迷津。

你曾用情爱点燃我生命的篝火，
使它熠熠起焰而闪闪生辉。

我在那古老的尘埃上无忌地旋舞，
生的不朽与爱的篇什垂照永恒。

直视这人间吃人的浑噩与凶狠，
我将用血和肉陈铺道途去前行。

承负着孤身奋斗的使命
是对你的记忆
使我在黎明前一次又一次地被催醒。

1973 年 11 月 13 日

给诗人

你用青草和露水写诗，
把黎明的通知发到人们的手中，
三分之一个世纪过去了，
黎明仍姗姗来迟，
在无声的中国的土地上，
再也没有听见过一声正直的召唤。

如火轮飞旋于沙丘之上的太阳，
竟以酷烈来灼烧生命，
空空的大地上只有沉寂，

你，诗人，
曾在世界的屋脊上放声呼啸，
为寻觅春天而走尽寂寞的道路，
而今的路途更崎岖、更险峻，
没有含露的花朵也不见美好的绿阴！

你，诗人，
在血斑点点的长夜，
为人之子的凶死而悲恸哭泣，

但明天的车轮
却把一个民族拖进荒凉的地域，
铁血和火焰
无情地舐吮着人性，
亿万的苍生啊，
沉沦在痛苦的深渊。

你，诗人，
用理性的明灯
为人们探索过未来，
在诗的祭坛上
庄严地宣告过那即将成为过去的灾难，
但历史却用它无情的眼泪
哭诉着你不愿听的
一曲人类命运的悲歌！

1974年8月17日

凶讯

——为诗人被杀害而作

一个诗人被凶杀了！
"枪毙"，这个词
竟然会用在诗人的身上，
这二十世纪末血腥的文明！

暴政
用它已是血污斑斑的罪恶的手
杀害了一个
民众的代言人、
真理的捍卫者、
自由的战士、
人类的儿子！
它畏惧到这样的地步：
认为强权就是真理，
屠杀是事情的终极；
它还想用
大刀长矛来砍杀文字，
机枪子弹来扫射声音，
铁链钢绳来捆住火焰，

监牢电网来囚禁诗篇！

但就在夜最深、
天最黑的时候，
诗人
讲话了！呐喊了！战斗了！
诗，无畏无惧地揭露了凶残蛮横的暴政，
诗，强力地控告了绝灭人性的逆天罪行，
诗，喊出了人们创巨痛深的哀声呼号，
诗，写下了悖谬和淫毒对精神的暴戾虐杀，
诗，把丑恶完全无遗地露曝在光天化日之下，
诗，鞭打着饮血者们猥鄙的灵魂！
诗，轰击着专制即将崩溃的墙垣，
诗，要把一切罪恶埋葬在大地！

可耻！可耻！
血污玷辱了人类的文明，
灾难泛滥在虚假的法典中，
子弹从诗人的心脏穿过，
血泊中倒映出时代痉挛性抽搐的悸动，
一个诗人被杀害了！
他的血，
像洪涛奔腾在阒寂无声的原野，
他的心，
如炬火燃烧在漆黑无光的暗夜，

诗人的鲜血
滴下、浸下、留下，
在所有人的记忆中
凝成神圣的诗篇！

那诗卷
是民族凄苦的自白，
是无畏者留下的血书，
是惨厉的恸哭，
是悲愤不息的长音！

诗人死去了，
他的精魂不会消散，
将在自由的讲坛上发言，
对暴政和罪行
对整整的一个时代
作下严酷无情的判决！

1974 年 8 月

心和爱[①]

心——一只小小的船。
爱——茫无涯际的大海。
海水潮汐的涨落，
牵动着思绪中难以曲传的思哀。

心——皎皎如玉的满月。
爱——迢遥无际的天庭。
当流云划过天河的浅津，
心月蒙上不祥的阴翳。

心——寒空飘落的雪花。
爱——温暖而广袤的大地。
雪儿在拥抱地面的刹那消去，
地层却孕育了春。

1974 年 10 月

① 此诗选自《哑默诗选》，收入《先驱诗人哑默》时，每节中第 1 行的破折号均为“，是”，第 2 行的“爱——”均为“爱是”。第二节第 4 行“不祥”为“不祥征兆”；第三节第 2 行“温暖而广袤”为“广袤无垠”，第 4 行为“土地流溢着深深的蕴藉”；另有第 4 节“失去爱的心啊，/迷茫在无月的暗夜，/颠簸在洪涛汹涌的荒海，/流放在人生的沙漠。”

最后的歌

（1）

人们，我很年轻，
但随时都可能被结束生命
因了我狠狠地鞭笞过暴政，
对未来的生活确信不移地预言过。
我是一个贫穷的人，
留给你们唯一的遗产，
是没有写完的诗章
和对未来的信仰。

我的诗写给所有的人：
一直爱着我的人们
让它能给你们一点微茫的慰安，
不要因我的死而过于悲恸哀伤；
至今仍不认识我的人们，
愿能从这残缺了的篇页中
得到一些挚情的温暖；
还有那些将降临的人

我衷恳地为你们祝福，
用我的歌和你们一同生活在世上。

(2)

如果我的一生短暂而孑然，
它将如一滴圆润的新露
全然滴到干渴的人们手中：
如果我的一生曲折而漫长，
它将融入真理的滔滔长河，
激起一圈圈明如日辉的光波。

我是大地的儿子
我凌励的精魂
包藏在地心的烈焰和熔岩中；
而我那柔情的心，
一切真善美中
都播撒着我不死的灵性。

(3)

如果我横遭暴死，
我留给人们几句献辞：

生命，是一种珍赐——
权利和创造的标志。

生活，是一个历程——
永远的进取和无已的斗争。

智慧是潜力
把理性牵引向臻于完善之境。
爱，这亘古的主题，
它赋予世界丰艳奇美的色彩。

自由是一切的根本。
性格意味着个人的命运。

诗人的墓志铭：
“他把自己完全献给世界，
并为人类真诚地歌唱过。”

1974年10月

蟋　蟀

临冬之前还洋洋得意地鸣叫，
蛰伏在小小的洞里矜持地自傲，
敏锐自尊的触须警戒地伸着，
为一丝丝撩动就会猛扑过去凶咬。

被套进精致的笼里喂养，
挑动了凶性同类间残杀自伤，
两只脆薄的小翼自诩地振颤，
从不曾想到自己何日相应地难善其终。

1974 年 10 月

早春[①]

乳色的悬雾撒下如网的爱情，
浓郁的和风抚摸着孤独的心，
灵魂啊，灵魂，
倾听着大地尽头发出的隐雷！

雷，带来早发的春汛，
叫闪电为它先行；
把孤寂融进遥远的雷声，
竟因此而泪流急倾！

蜕去我在严冬枯萎的生命，
轻轻捧起
　　那微如飞灰烟尘的圣灵，
生意浸透了我被扩张的发孔，
洪涛频频冲击着我的身躯！
大千世界里变幻的瞬息，
卷走我沉重的悲怆苦情，

① 此诗选自《哑默诗选》，与《先驱诗人哑默》版本有所不同，本书将此版本附录诗后以作参考。

晨曦在天顶柔美地微笑，
我飞速去承接
随你而来的天涯芳信！

1975 年 1 月

附：

早　春

乳色的雾清新着人的感情，
和煦的南风暖温着人心，
我，在这润润的气息中，
倾听着大地尽头发出的隐隐雷动。

淫雨迷蒙的天气还漫长阴晦，
我已敏感到早发的春讯，
将孤寂融进遥远雷声，
竟因此而泪流不停。

蜕去我在严冬枯萎的生命，
轻轻捧起那细微的灵感，
它把生意浸透我，
让洪涛来冲击我的身躯。

这大千世界里变幻的瞬息，
在稍纵即逝中卷走我的悲怆苦情，
晨熙和阳光柔美地微笑，
我飞速去承接那随你而来的天涯芳信！

1975 年 1 月 26 日

春　颂[1]

你是大自然忠实的使者，
带着美在世界巡回，
一千年里，
你一千次地把岁月唤醒，
一万年里，
你一万次地给大地予新生！
你这朴素中无价的华贵啊，
把一切最美的汪洋尘世，
给我们一切富丽中的最丽！

你看不见的手指触摸心灵，
潜藏的情愫使人生重返青青；
你轻微的爱抚拂过森林，
糙壮的树身也为之颤震；
你温柔的犁划开土地，
种子从酣睡中相继梦醒；
你悄悄地润湿原野，

① 此诗选自《哑默诗选》，与《先驱诗人哑默》版本有不同，本书将此版本附录诗后以作参考。

地面换上明丽的绿衣；
你在水面轻轻跑过，
搅乱了鱼和藻在水底的沉静；
你让太阳和月亮同留在天上，
白昼和黑夜交辉定情；
你在黎明时亲切地扣着心扉，
叫爱者和无爱者都不能安眠！

你从四方八面而来，
伴着叫人无从捉摸的兴奋，
苏人的喃喃细语在耳畔飘忽，
眼里泛起欢悦的泪；
无情的岁月周而复始
你嫣然地站在一切开端之初。
你无处不在啊
在天头，在地脚，
在风和雨，在爱与情！
你呀，
你是无数首没有韵脚的长诗，
你呀，
你是一组旋律幽婉的曲子，
你呀，
你是绘不尽的图画，
你呀，
你是在意蕴上从不会雷同的一个字！

1975年1月

附：

春 颂

诗人能否唱出你的心声，
诗集能否托出对你的赞词，
大自然的奇迹啊，
在一千年里你一千次地把世界唤醒，
在一万年里你一万次地给大地予新的生命。

你的手指触摸过心灵
感情的激浪使人生重返青青；
你的爱抚吹拂森林，
粗壮的树身也为之颤震；
你无形的利犁划开沉默的土地，
种子从酣睡中相继梦醒；
你把甘露悄悄地湿润原野，
一夜间地面换上明丽；
你轻捷的步履、
搅乱了游鱼在水底的沉静；
你使月亮罩上彩晕，
白天和黑夜在天穹交辉定情；
你在黎明时亲切地扣着心房，
无爱者不再得到往昔的安眠。

你从四面八方而来，
伴着叫人无从捉摸的兴奋和神秘；
撩人的雨在耳畔飘忽，
一阵又一阵地泛起泪水之雾；
无尽的岁月周而复始，

你嫣然地站在那一切开端之初；
你无处不在地弥漫啊，
在天头、在地脚，在风和雨、在爱与情！
你是一组组旋律，
你是没有韵脚的长诗，
你是宏幅画卷，
你呀，你是在意蕴上从不会雷同的一个字！

1975年1月26日

乡问

——于广播中听到马思聪的《思乡曲》

你在大洋的彼岸演奏这只曲子，
似乎把祖国的故土搬到了遥远的异方，
像一个在旋律中飘浮的梦啊，
把南国游子的思情频频递送。
你被迫流落到另一个国度，
或许你此刻已不在人世，
但那亲切哀婉的琴声啊，
是一声声不息的呼唤和询问。

去国怀乡的游子啊，
你的琴音比生命还更久长，
它使我热泪纵横呀，
没有歌,只有悲泣和哭声：
燕山在苍天下孤独地流泪，
牧笛吹着诉不尽的苦难和伤悲，
骆驼的铃声不会再响起，
寺院的金顶浸入深深的草荒，
漠漠的黄沙吞蚀了人们的恋乡之情，
苍苍的原野上出没被束缚的牛羊，

寒日笼罩着你荒寂的家园，
昼夜流逝的江水在为死去的灵魂呜咽。
游子呀，
你不要回来，
不要再回来！

你在大洋的彼岸演奏着这只曲子，
似乎把祖国的故土搬到了遥远的异方，
那亲切哀婉的琴声啊，
是一声声不息的询问和呼唤！

1975 年 2 月 26 日

故乡的泥土

——给就要离开祖国的朋友

在亘古大地上永存的
是故乡的泥土，
在苦难里历尽沧桑的
是故乡的泥土，
在沉沉的重压下喘息的
是故乡的泥土，
在轰轰的雷鸣中颤抖的
是故乡的泥土，
在隆隆的地火中焚烧的
是故乡的泥土。

故乡的泥土是焦黑的
有着不祥的预兆；
故乡的泥土是苦涩的
它吸饱了苦咸的眼泪，
含满古国历史的凄怆和伤悲；
故乡的泥土是困倦的，
它被劫夺了生命的养液、绿色的青春；
故乡的泥土是沉默的

它承受时代的耻辱，
包容了一个民族深切的酸苦！

我轻轻地捧起这泥土，
把它放到你的手中——
被迫离别祖国的
苦难的孩子、我的朋友！
在你的生命中
或许将结束不幸，
面临一次新生，
或许将彷徨而迷惘
失去对生活的信心；
如果时间能够冲灭记忆，
你该会把祖国忘记？
如果空间能隔断思情，
你该会背离故乡的亲人？
而在那个陌生的世界里
是否还能听到你的声音？！

将永别祖国的孩子呵，
请带走它吧，
这捧古老的泥土——
“美不美，乡中水”
乡中水，
母亲的眼泪！
“亲不亲，故乡人”

故乡人，
苦难的灵魂！
故乡的泥土啊，
古老的泥土，
它是民族的血肉！

在亘古的大地上长存的，
在世代的苦难里见证的，
在长年的重压下凝聚的，
在雷鸣的召唤里振奋的，
在地火的烈焰里喷发的，
是故乡的泥土！
故乡的泥土啊，
请随着你的儿女
登上遥远而未知的征途，
和他们一起
去开始新的旅程，
和他们一起
去促进民族伟大的复兴！
故乡的泥土啊，
请忠实地陪伴我的朋友，
当孤单寂寞的时候，
成为安慰的诗句，
带给他故乡原野的气息，
轻轻地把他送回梦里的家居。

1975 年 11 月 18 日

彼岸的悲呼

茫茫的大海呵，
哪儿是祖国的海岸线？
苍苍的天穹啊，
何处是故乡的家园？

看不见了，
再也看不见那片土地，
听不见了，
再也听不见亲人的悲泣。
刚泅上这异方的国土，
又频频地把你回顾，
身上流滴着冰冷的海水，
眼里却盈满滚滚的热泪！
那在封闭中衰亡的民族啊，
难道你还继续再无声地忍受？！

大海啊，
请倾听悲思，
天穹啊，
请把厄难凝视，

凌越大地的奔雷啊，
请传去悲愤的呼喊，
漫天的风云啊，
你吹不尽、卷不走、填不平、载不完
胸中郁结的仇恨！

1975 年 12 月 21 日

雷　颂[1]

三千里云涛作你的先导，
八千里风暴步你的后尘。
闪电撕裂黑色的衣包，
你在光芒里骤然降生！
在大地上反响，
在山谷里回应，
滚过穷荒大野，
飞掠在暗海汹涛之巅！

雷呵，
你这风暴与闪电的儿子，
请摇醒那些疲困得失去知觉的身躯，
请震撼那些麻木而滞钝的灵魂，
拥抱紧在顷刻猝发的生意！

---

① 此诗选自《哑默诗选》，与《先驱诗人哑默》版本有所不同，其中，第一节第 2、3 行为“闪电撕裂长天的夜色，/刺目的襁褓里/你骤然降生！”第 8 行“暗海汹涛之巅”为“山巅”；第二节中“闪电”、“摇醒”、“震撼”、“在顷刻猝发的生意”分别为“电闪”、“摇撼”、“震惊”、“生命猝发的兴欣”；第三节第 2 行“骤雨狂澜”为“暴风雨”，第 3、4 行合为一行“在黑暗中把火炬高高擎起”，第 5 行“还以”、“绕”为“以”、“环”，第 6 行“自由与不自由”为“不自由”；第四节删掉第 4、6 行，第 5 行“激昂”为“短暂而激昂”。

雷呵，
你这骤雨狂澜的前驱，
请把那照彻万古的火炬击燃，
并在黑云飞翻中把它高高擎起，
还以你飞速的步履绕遍地球，
让自由与不自由的人类都认识你！

雷呵，
你这奔涌在大宇宙的精灵，
请邀我与你同往，
腾达在天地的四方八极，
请以你短暂而激昂的生命，
炸开隆冬时节坚稠的冻云。
召唤那姗姗迟来的阳春！

1975年12月26日

彗星①

众星在静穆中以示永恒，
你却以炽烈的瞬息划破无垠，
在“咫尺”的移动后你即消去，
人们记忆的黑幕上
留下一道发光的轨迹。

1975 年 12 月 27 日

① 此诗选自《哑默诗选》，后收入《乡野的礼物》与《墙里化石》时有所改动，删掉了全诗所有的标点，第 1 行全部删掉，第 2 行删掉“却”，第 3 行全部删掉，第 4 行中“人们”改为“在”，诗末创作时间为“1975 年 12 月”。

琴声，你手的朋友在倾听

——给远方的艾子

请不要停止你的琴声，
一颗刚毅的灵魂，
横贯了南北中国的土地，
那样大的穿透力——
使无数的心灵
在同一个音符上凝聚！

琴声，
是含泪的微笑，
是被命运锤击后的铸型，
是即逝者的寄托，
是同时代人的期待，
是血与汗的结晶，
记录下人生的风云！

琴声，
你是拂晓时
生命的叩门声！
请不要停止你的琴声，

相识和不相识的朋友们
都在倾听。

1976年1月19日

暗夜的举火者

剑与火

——题艾子的像

不是音乐，
是冲击波，
不是提琴，
是一把火。
她
音响中有信仰，
火光里有理想世界的明亮！

1976 年 1 月 22 日

月夜登山[①]

月夜笼罩着寂静的群山，
树叶间投下月影的斑斓，
小小的山树已沉入迷梦，
月华洗去它白日的忧伤。
月亮，
你庇护世间的苦难，
拂去人们心灵上的翳障；
愿明天如七彩般艳丽，
展开生命中另一个晴朗的光环；
让爱穿越那迷茫之墙，
给每个人带去希望的远香。
树叶间投下月影的斑斓，
月色，笼罩着寂静的群山……

1976 年 5 月 13 日

---

① 此诗选自《哑默诗选》，与《先驱诗人哑默》版本有所不同，本书将此版本附录于诗后以作参考。

附：

月夜登山

月色笼罩着群山，
时间投下月影的斑斓，
小小的山村已沉入迷梦，
月华洗去它白日的忧伤。
大自然的静美，
安谧地庇护世间的苦难，
拂去心灵上不幸的翳障，
爱的流泉在顷刻间溢漾。
愿意它如月晕，
生命中另一个明朗的圆周，
穿越人为的迷茫，
带去希望的远香。

时间投下月影的斑斓，
月色笼罩着寂静的群山……

1976 年 5 月 13 日

啊，美国[①]

——为美利坚建国两百周年

美国，
地球上一片嫩绿的草叶！

你以极短的历史生命
开创了两个最繁华的世纪；

① 此诗选自《哑默诗选》，与《先驱诗人哑默》版本有不同，其中，全诗首句改为“为了人类的祈愿”；第二节第3行“你”为“你以”，第7行删掉了“雄奇”，最后一行“迎请”为“迎接”；第三节第3、4行为“你就肩负着独立和人权的新的使命”，第6行“星群”为“纷灿的星群”，第7行为“密集地闪烁在世纪的河口”，第8行“她的那些不灭”改为“那些永不陨灭”，第9行“华盛顿”为“杰斐逊”，第15行删掉了一个“永”字，第16行改为“时代的花圈”，第17行全删掉，第18行首加一“它”字，“陵园”改为“金字塔”，此节最后两行为“久远地传向未来的世代啊，/人类心灵中最伟大的陵墓！”；第四节中第3行删掉，第4行首加一“曾”字，其中“母亲般”改为“母亲”，第6行删掉了“时代和”，第7行“燃亮”为“燃起”，第8行“照耀”为“照亮”，删掉了“蓬勃”，第10行为“当白昼以欢乐的喧哗歌唱”，第11行“你把”为“把你的”，第12行删掉“时”字，第14、18行被删掉，第24行删掉“来”字，第29行删掉行首的“各自”，第33行为“反观地球”，第37行“泪水”为“眼泪”，第38行“留着”为“残留着”，第46行“痛泣”为“当痛泣”，第47行“伤心”为“耻辱”，第48、49行合为一行，前加“那”字，第51行“重演”为“第三次重演”，第56行删掉，倒数第6行“土地”为“园地”，倒数第5行为“芬芳的邻居”，倒数第3、4行合为一行“请去拜访你的邻居”；第四节中第2行首增加“让”字，第3行“时、空”为“国度”，第4行“所企有”为“所有”，第5行删掉，第8行“人们”为“人类”，第9行“在”为“一直在”，第10行逗号为感叹号；第五节中第3行为“请唱起虔诚的歌”。

你伟大的崛起
激励过无数
高傲的民族和自由的心灵；
两百年，
在壮烈、雄奇、玮丽中过去，
当第三个一百年开始时
在新大陆的地平线上
你
又轰然地迎请一个拓荒者的黎明！

美国，
当你从费城① 诞生时，
就负着
独立、自由和人权的新的使命；
以后，
那由五十颗星所组成的纷灿的星群
在世纪的河口闪烁荧荧；
带着她的那些不灭的子星座：
……华盛顿、爱因斯坦、惠特曼们……
与日月一起
在浩渺的宇宙同升沉！
即使云游了时间、空间和一切历史，
啊，美国，

① 1776年7月6日《独立宣言》的诞生地。

在你伟大的儿子们的墓前
永呈放着人类奉献的
最素的花圈和最美的诗篇!
你的那些长眠者的简朴的棺椁
当比一切君主的丰碑、帝王的陵园
更巍然地耸峙,
这人类心灵中最宏大
最壮观的金字塔!

美国,
两百年的风云,
在你的这片土地上,
孕育着各民族、各人种的混同,
请仍以母亲般的召唤,
荟萃时代和世界的精华,
燃亮自由神的火炬,
照耀未来世纪蓬勃的创新!
啊,美国,
当白昼以欢快的声音歌唱的时候,
请你把歌声传过太平洋的彼岸;
当落日以玫瑰色的金霞溶进海潮时,
请在同一个晚上送来你不夜的光华!
你——
新世界的喧响啊
越过大西洋的涛声

振奋着复兴了的欧罗巴；
你——
新世界的巨人啊
用太平洋的振荡
频频地询问着古老而遥远的东方；
还邀请阿非利加
以黑色的赤热
来一起浇铸和平巨厦的骨架！
美国，
请仍以母亲般的召唤，
让自由的人类
都走到和平的旗下——
各自带来自己的鲜花！
美国，
当你代表着人类
在永恒沉寂的太空中的另一星体上
回过头来看看地球时，
你并没有忘记那二十世纪中
两次世界性的灾难！
至今，
被鲜血和泪水浸洗过的世界
还留着战争带来的悲哀：
敦刻尔克① 废墟上的荒烟

① 第二次世界大战后，特意留下来的废墟，用以教育后代。

在灰暗的天空撰写着那浩劫的惨痛；
富士山下盛开的樱花
以她的血汁染出刺目的殷红，
烽火曾荡平过顿河的草原，
恐惧仍笼罩在英吉利的岸边，
……
痛泣的大地
还没有拭干她伤心的泪花，
罪恶的幽灵
又在人类的头上絮聒！
啊，不要！
不要让那毁灭文明的惨剧重演！
黑色的母亲、
黄色的母亲、
棕色的母亲、
白色的母亲、
还有红种的印第安的母亲、
都起来吧！
在子孙们的记忆中永远根除那：
“无家可归的儿童的饥饿之状，
战争中负伤的士兵的痛苦之情，
失去儿子的母亲的悲哀之容，
……”①

---

① 见1969年尼克松总统的就职演说。

啊，
美利坚，亚细亚，欧罗巴，
南美和北美，阿非利加，
都起来吧！
让过去的永远成为过去，
让仇恨不再记起，
让智慧为伟大的目标寻求新的观念，
让财富都为人类的福祈而汇集；
请在战后的土地上清除
那年长日久地困扰着世界的荆棘；
请在收敛死者的尸骨时
从沉痛中把目光展向未来的世纪；
请在每一块土地上种植
以色彩和芬芳丰富这世界的花卉；
让绿阴取代人为的藩篱，
让人们友善地去拜访自己的邻居；
让意志与事业都同俱不朽，
让民族和民族都同样伟大！

啊，美国！
你和你的弟兄们互相祝福吧！
伟大可以超越时、空，
和平与福佑为人人所企有；
人们，
即使理想的世界

不是现在的这个美利坚，
但在人们的确信中
在梦寐以求里，
都在找寻着一种美丽的国度——
美国。

为了人类的祈愿，
人们呵，
都同唱起虔诚的歌吧，
在一个短暂而永恒的时刻。

啊，美国！

1976 年 6 月 6 日

儿子和母亲

我不是我的母亲的儿子，
但我的母亲孕育了我……

我的母亲很古老，很丑恶，
她被世界强奸了，
于是——
生下了我。

我深情地爱这个
母亲——古老而丑恶；
我痛疾也恨这个
母亲——古老而丑恶……

1976年7月

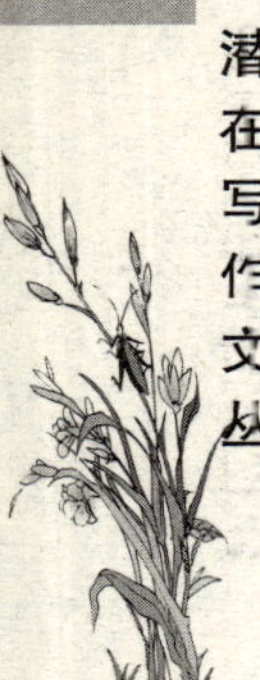

要求

每个人有一片处女地，
自己去开垦、耕耘。

每个人都能说话——
用自己的语调、嗓音！

人们能自由地呼吸——
直抒胸臆。

恢复人的定义——
不是，在法典中写下金字；
而是，在心灵上作种植！

1976 年 7 月

它自以为是
光明、活力，
连空气也炙得
抽搐，颤震……

它狂暴地舞蹈，
吞噬了别人的
财富，希望……
……和有限的人生。

1976年7月

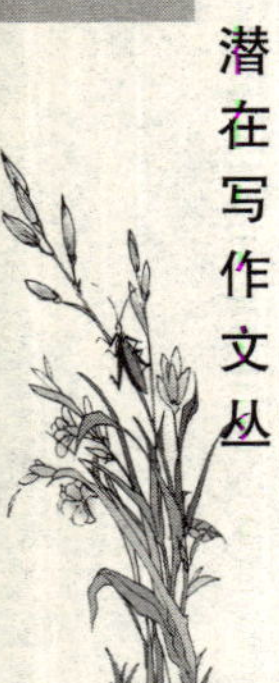

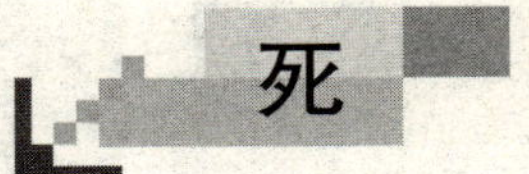

死

我死去

我只希冀，
胸前放着两本诗集——
我的
别人的。

然后，
让后代自己去
舍，
取。

1976年7月

他和我①

他的诗园里
开过
《恶之花》;

我的生命之树上
结着
恨的果——《苦果》。

因为,
时代
在人们的意识里
插满
荆棘。

1976 年 7 月 25 日

① 此诗选自《哑默诗选》,后收入《乡野的礼物》与《墙里化石》时有所改动,删掉了全诗的标点。第二节最后一行删掉“——《苦果》”;第三节删掉第 2 行,第 3 行删掉“在”字,“插满”改为“载满”。诗末创作时间删掉“25 日”。

大地·民族·潜力（序诗）

历史
不会永远躺在
荆棘铺就的床上永做噩梦

在万籁俱寂
不能视野的黑暗中
我听到人类沉楚的喘息

恁了这
我从时代的子夜
提前来到
拂晓的一线苍明中

借这微茫的初光
我苦寻着
呼唤着我的母亲
我那
曾苦死于黑暗
将忧生于黎明的母亲啊

1976年8月

太阳的召唤

创世之初，
世界还在胚胎里蠕动，
天苍水茫，
一片洪涛浩瀚的汪洋……
没有生命，没有生活，
没有人类，没有历史的足音；
天地间，
一片灰暗、荒凉和死寂……

在那时，
我听见太阳的召唤！
苦于水渊下的
　　黑暗、冰冷、僵冻，
苦于对光明焦渴的欲求，

① 此诗选自《哑默诗选》的第三辑《大地·民族·潜力》中，后来以此为最初蓝本重新写成长诗《飘散的土地》并收入《墙里化石》。

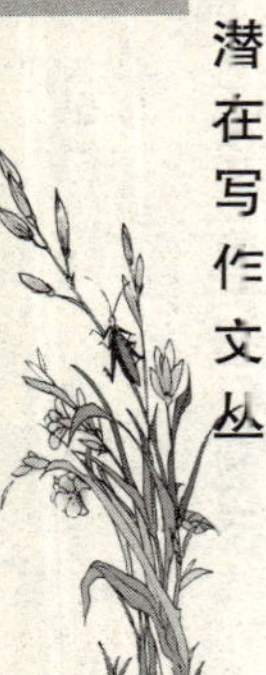

在长年的压抑和沉默后，
我从水渊下拱起——
伴着地壳崩裂的震响，
伴着雷霆回旋的轰隆，
伴着大地母亲分娩的呻吟，
伴着熔岩、泥浆、火焰的突喷，
伴着洪水溃败的流走……
我在地球的一隅矗起！
我的生命呵，
欢欣于震旦的晨曦，
冲向光明弥漫的天穹；
啊
永恒的太阳，光明的使节，
即使你只用微弱的初光
作一声轻轻的召唤，
我也会向你猛奔而狂欢！
啊，
太阳，
即使你只用看不见的辐射
给我一丝温暖，
我也会以岩石的熔浆
为你卷起光涛火澜！
啊，
太阳，
你使大地升起，天穹震颤，

无声的世界充满了喧吼，
连地球本身也在冲动！
啊，
太阳，
我终于来到了
你照耀的世界上！

1976 年 8 月

群山与河流

1

以地质年龄
　　计算我们的成长，
以经纬作长宽
　　丈量我们的躯干；
我们用：
富于生命感的绿色
　　装饰着大地莽莽！
庞然而倔强的姿态
　　横竖着各自的走向！
粗犷而明朗的线条
　　勾勒出不朽与崇高！

2

高原的儿子

在故乡的山巅上，
看哪
纷纭万象的山原和断层，
看哪
渐远渐淡的群峰
与平陲的苍天遥遥相融，
脚下的大地上，
亲爱的河流呵
在峡峪中闪着翠色的光芒！

3

夕阳西沉，
古铜色的山群
巍然屹立；
山，以无法估计的分量感
横亘着历史与民族的永存！
江流滔滔而去，
带去了这个古老的种族
捎给世界的遥遥音信……

1976年7月

潜　流

地面上失掉自由，
地底下有潜藏的激流。

在岩石的裂缝，
在疏松的沙粒间，
在干涸的河床下，
有自由的水。

潜藏的激流在运行中，
它滋润土地；
它不息地搬运着地下的宝藏；
它是人们所寻找的
　　最珍贵的水源——泉；
在被堰塞的时代河谷，
它变成林茂水清的湖泊；
在无人得知的地底下，
它镂刻出独特、壮观的溶洞；
它把岩层深处的流泉声
　　送至地面，
让那些苦于寻找水源的人
　　不会失去前行的信心。
地面失掉自由，
　　地底下有潜藏的激流。

潜藏的激流在运行中
它从地面滔滔涌出，
在晴朗的天空下，
在生气勃勃的大地上，

它将汇成历史上
　　最伟大、最壮阔的河流！

1976 年 7 月

燃 烧 的 山

我在高原上驰驱……
苍茫的群峰像火海，
　　焚烧着这古老的土地，
　　焚烧着这土地上的
　　激昂的灵魂。

高原，我的母亲，
为什么
你那肥沃的土地，
你那掩埋宝藏的深谷，
你那回旋的江流，
你那蓊郁的森林，
你那逶迤的山麓，
你那横亘千古的峰峦
……
　　都在发着无名的震颤？！

高原，我的母亲，
为什么

耳边只有呼啸的风声？
脚下是渊黑的断层？
为什么
清江干涸、悬岩塌崩？
山泉血腥，林涛滚滚？
为什么
瀑布恸哭，山岳回应？
白云飘走，飞鸟惊鸣？
为什么
遥遥路途看不见同行的人？！

高原，我的母亲，
你的子女衣不遮体，
　　饥馑地在时代的山路上爬行；
那小块小块的梯田，
　　是历史缓慢发展的阶梯；
无数的岁月已过去，
成片的山岭
　　仍与史前一般荒瘠！

高原，我的母亲！
长苦于烈日曝晒的母亲呵，
今天，我看见你
从沉痛中猛起！
你舞动着赤热的蜃气，

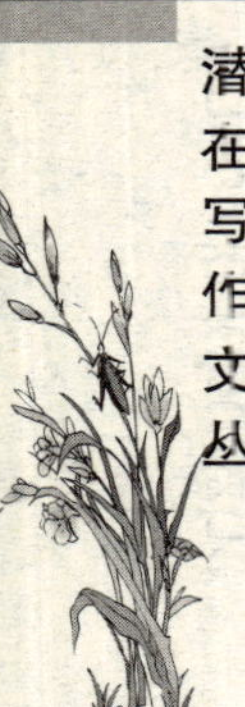

狂涛般地卷过峰海和山群，
用火的舞蹈，火的旋律，
把自由的烽烟遍布大地！
苍蓝的群山呵，
像长河大江在奔腾，
像飓风顶天在狂吹，
像瀚海沙源在飞旋，（像火山熔岩在冲喷！）

高原，我的母亲！
你的儿子与你一起焚身！
让他也变成
一支烛，一把火炬！

1976年7月31日　湘黔线上

桂林山水间

歌 桂 林

奇峰撒布在旅途的沿路，
碧水长绕着千里车行，
桂林啊，桂林，
一座山水入神的画城！

婆娑的曲柳含笑频频，
芭蕉的阔叶遮成夹边绿阴，
桂花的幽香泛溢在街上，
桂林啊，桂林，
一座常绿的翡翠城！

伏波山
俯瞰着清亮的漓江，
江水蜿蜒地流过广袤的大地，
漓江啊，
这样明澈，和平，
只有最文明的族类才能拥有你！

独秀峰，
你听惯了城市的喧哗，
你可曾倾听还珠洞里
　　流水终古不息的疑问？
——只有最淳朴，最憨厚的民族，
　　才这样隐忍而深沉！

老人山，
你白发高龄，
在悠长的岁月里，
目睹过江山上变幻的风云，
而今，
你为何空茫地望着飘飞的细雨？

芦笛岩，
你地下宫殿里的钟鼓
　　定能奏出
　　东方古雅的乐音；
然而，
你的钟乳石，
　　今天却流淌着伤心！
七星岩和普陀寺啊，
你们是否因过于痛恨，
而要“超绝离尘”
把一个苦难的世界

留给你的儿女？！

象鼻山，
吸吮着漓江母亲的乳汁，
——我用微颤的双手
　　俯身捧起漓江水……
晴空下，
塔山古秀送客远。
漓江啊，
我随你远上阳朔仙境间！

我歌桂林歌不尽
我恋桂林醉酣情；
画城，翠城，仙之城，
奇山，秀水，神之境！
国画一幅长卷图，
写情，写意，写风景；
满城山水满襟怀，
浓雅淡素倾入心！
但饮漓江清清水，
胜似美酒
　　令我神倾风情醉！

我歌桂林歌不尽，
我恋桂林恋痴情，

桂林山水啊，
你孕育了中华民族
空明秀丽的灵性！

1976年8月15日　桂林

漓江行

漓江在黎明中苏醒，
清清的江流送我南行；
塔山在曙色中娇态媚人，
穿山洞天透射着破晓的晨曦；
奇峰都澄入茵绿的江底，
小船、竹排游上了层层峰顶；
船尖划破如镜的碧水，
灿灿的晶波向岸边衍平；
江心的细石粒粒可数，
一条古道铺上了天庭……
翠竹俯向远来的旅客，
芳甸依恋着轻轻擦过的船舷。

漓江啊，
你水光潋滟丰姿秀呀，
你柔波脉脉含情深；
你水平天远奇峰竖啊，
渔家的竹舟

穿梭滑行在奇山异水间！
漓江啊，
你如画，如歌，如梦神，
漓江啊，
你山险水阔更向何处伸？！
你山山有名山山亲呵，
你峰峰奇特峰峰峻！
青色云涛拥绝壁，
千丈断岩亘江心！
天高水渺远难分啊，
船行，水行，山在行？！

万里来游漓江景，
江水为我洗风尘，
千古江山存千古啊，
山水沉醉多少人！
漓江啊，请把绝世风姿留画壁，
诗才为你动心魂！

1976年8月15日　漓江上

问　桂　林

1

整洁的城市，
新建的大楼，

街上驰过华丽的轿车……

然而，道旁走着

终朝忙碌，沉默寡欢的人群！

枯瘦的身躯，

简陋的衣着，

世代居住的低矮的板棚，

竹桌，木凳……简单的家具！

灰尘，噪音，冰棍，

饭馆里人群汗流淋淋！

……

站在街心我深沉问：

哪里去找欢乐，找歌声？

2

华丽的车辆驶过去了，

华丽的车辆里坐的不是中国人！

它，停在公园的大门，

它，停在餐馆的入口，

红润的面庞，

肥硕的身躯，

鲜艳的夜裙，

高高的鞋跟，

他们走过来了——

华丽的车辆上下来的

华丽的一群……

闪光灯，
芦笛岩患了痉挛症！

伏波山，
上山无路也无门！
楼台亭阁里，
相机，摄影机，望远镜
一齐在眺享漓江上的美景；
指点着秀丽的山河呵，
不是中国人！
中国人
被中国人赶到
不是大门，不是正道，
不是别人要游玩的地方！

……

站在还珠洞下我疾声问：
还珠洞为何装上铁栏门？！
洞里神仙佛像金雕身，
俨然一派古文明！
洞里碑铭，石刻，赋，诗，文，
赞叹山河之声古至今！
洞里江水汩汩洗清石，
洗净清石长年等主人！
但民族的尊严今安在？

为何被自己践踏到最底层？！
还珠洞，还珠洞，
久等珠还珠不至，
长留江水年年感愤声！

3

当我在漓江行船时，
我看见那些溯流而上的
大大小小的乌篷船：
朽旧的船身，狭窄的甲板，
破烂的竹席，打满补丁的布帆；
渔家的儿女俯身向前——
推着船首的轱辘，使劲拉纤，
船在缓缓地移动，
沙滩上留下深深的足迹，
甲板上磨击双脚踏出的圆周……

清水轻流去，
船身艰难行！
这船上
载的不是山货特产，
载满一个民族深重的苦难！
深深的吃水线啊，
不知还要怎样往下沉！
渔家的儿女啊，
枯瘦而黝黑的身躯变成了畸形！

深陷而焦渴的眼睛，
遥望着逆流而无尽头的航程，
终年在江上
推着轱辘，拉着纤绳，
在无风的日子里，
还满心巴望地升起了篷帆……

漓江水清，
清得照澈这民族的不幸，
江边峰奇，
奇的要刺破那横遮天空的阴云！
人在画中行啊，
心在火上焚！
我恨漓江波不兴，
我恨剑峰剑不利，
我喊山川川不答，
我捶巨石石不应！
漓江哪！
水往深谷空茫去，
深谷难容人间沧桑苦苦情！
漓江哪！
来往风帆你看尽，
昼夜江流尽夜悲！
江山多娇人多难，
无数代渔家儿女遥拉纤绳走山川！

船头的轱辘吱吱转不停，
如诗如画的江山空秀丽！
站在江边我大声问：
为何漓江山水处处这样美？
为何漓江儿女
代代如此贫困，如此悲？！

1976 年 8 月 17 日　漓　江

江山多情

阵雨洗净了大地，
登上伏波山，辞别桂林城：
沉沉暮霭，江山变幻千姿影，
苍苍浩气，触我心中深深情。

眺望漓江啊，
江水迷濛来天际，
流过了平旷的田亩，
在园林相间的地平线的尽头，
漓江呵，
你还在以明亮的闪光
向我频回首！
俯视山脚
竹排，小舟，渔家船，
密密麻麻排列在江畔，

沿江的村舍,丛树,竹林清,
块块碧玉镶桂林!

江水无尽眼无极,
云缠雾绕桂林城,
千峰环抱千嶂立,
缓缓的云层起自你峰顶,
遥看空濛山色秀啊,
云烟蒸蒸雾幔沉
忽而云暮齐关闭,
不见远山不见影!
绵绵雾海遮江山,
江山掩面不忍看我离!
桂林啊,桂林,
请你烟消云敛,
让我把你留心底;
桂林啊,桂林,
请你开开云雾启雾幔,
还露你的神姿仙态漓江影!
桂林啊,桂林,
今日别你去,
高原的儿子
不知何时再来看看你!

1976年8月16日　于伏波山

阳朔月夜

月华在山水间照临
奇峰出浴于清辉

苍岩变得幽蓝
莲花含露吐清芬

卓笔峰写着赞美的奇文
树影在绝壁上留下自己的姓名

白沙浅滩泛着粉红的微光
江底的细石一粒一粒

月亮在江面散步
水下燃着渔火和星群

天河上浮满着农舍的晚炊
蓝空中垂下沁香的月桂

月光把田园洗净
黛云拂去人间的烟尘

田野弥漫着一片宁谧
只留下山、水、月亮和星星

夜鸦哇然一声飞去
困倦的渔家没有惊醒

1976年8月17日　阳朔

芦笛与七星

相传在很古的时候
岩边生有芦苇丛
用来做成笛子
能吹出美妙的歌声

据说岩下有七颗星星
风清月朗的夜晚
在花桥明镜
能看到七星的斗柄

桃花江上的渔人
用芦笛
吹着家乡的曲调
召唤那些离乡背井的人

漓江上的风帆
在茫茫的夜晚
凭七星岩畔的光斑
把小船泊进水湾

漓江边盛开着艳丽的桃花
桃花江有漓江的风韵
两江都如此秀丽呀
永映着芦笛与七星

1976 年 8 月 18 日　桃花江畔

苍宴、碧水、断层、溶洞

孤峰
拔地而起——
是不甘寂寞；
是发育时受到太大的压抑
不得不顶天立地！

峰群，
苍蓝色的石头森林。
千百年，
始终无视高天的闪电和霹雳；
只肯向
宁静的江水动情。

断层，
大地的伤痕——
太宽，太深！
因了不肯披露苦痛，

用绿叶
掩着自己不幸的一生。

溶洞，
迷离的仙宫。
奇境变幻无穷……
无声的营造者们
在地下静悄悄地活动。
泉水，
天女撒落了翡翠。
……
陪伴着孤独的山峰，
用透明
用满天的星星……

江流，
绿玻璃的路。
几千年的烦恼
都在里面澄清。
竹舟轻轻把路面划破，
没有水波！

小溪，
仅那么一点点欢乐，
唱着一首首简单的歌。

伏流给你生命，
当歌声歇息，
又流入溶洞……

1976年8月　桂林

地下世界

大自然用亿万年的精工，
营造了这个神奇的洞窟。

这里有着奇景，
——没有光明！

无数的岁月，
与世隔绝。

一片难于设想的寂静，
时间也在长眠！

钟乳石——
顽强的生命！

生命并非全然死去，
冰冷的岩浆是热情的泪滴。

眼泪滴入深潭，

永远重复着一个声音：光明，光明……

1976 年 8 月　芦笛岩

历史

历史
不是一种浪漫，
历史，
是一只算盘——
它的每一颗子
都要打出自己的核算！

1976 年 9 月

生

——听歌剧《红樱粟》中的罗曼斯

我要对你说许多温柔的话，
这时，窗外在飘着雪花；
积雪的树枝伸向白茫茫的天空，
台阶上凌着冰冻。

雪光映进我的屋里，
比任何时候都更要白净，
它映出了生活的梦想，
也映出我记忆的闪光：

我想起
在那个春潮初涌的时节，
是你深情而强烈的拥抱
阵阵激动我的心弦，
你眼睛里闪动着
爱的无声的言语。
飞飘的雪花啊，
请给我带去那些温柔的话，
一群小鸟从我的心中

飞向记忆中
明丽的蓝天。

这些鸟儿飞呀，飞呀，
消失在天空，
黄昏时，
它们回来了，
夜已降临；
故乡的雪夜
多么亲切迷人。
……
小窗里透出黄色的灯光，
原野罩着深蓝的月色，
空气里有麦片香味，
是月夜里的晚炊……

回忆的影子
又一次重现——
面对着被战火焚烬的家园，
美丽的梦幻
撕碎在人们的心间。

妻子在呼唤，
丈夫在哀恋，
母亲们绝望的眼泪，

孩子们枯瘦的小手，
……

战火焚烬了人们的家园，
战火焚不烬
人们对生活的爱恋——
逝去的生活能再现的希望……
在丈夫、孩子、妻子、母亲的心里
揉成一种简朴的生之期待，
这期待
消失在今日的夜晚，
把人们引向
来日的明天……

1977 年 1 月 29 日

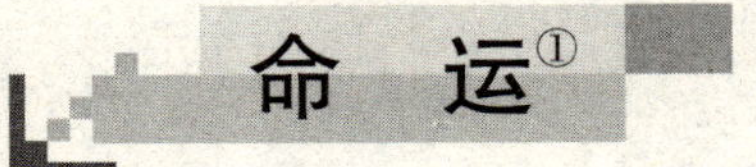

命运[①]

命运,敲响了中国的大门。

在二十世纪的现代,
"中国,你究竟会向何处去?"
这个痛苦的疑问,
无数次地响在人们的心里。

命运,敲响了中国的大门。

今天,人们听见了这轰雷般的声音,
啊,时代的溢洪口终于打开了它的闸门!
为了肩住这沉重的铁门,
无数的大勇者献出了自己的生命。

① 此诗选自《哑默诗选》,与《先驱诗人哑默》版本不同,其中,第二节第1、4行删掉,第2行删掉引号,第3行"这个"为"这是个";第四节最后一行"无数的大勇者"为"无数人";第六节第1行删掉"这"字,第2行"静绝"为"绝迹",第3行"巨流"为"巨大的",第5行删掉"些"字,第6行"冲溃卷扫"为"摧毁";第八节第1行删掉"那些",第2行为"又有新的交响",第5行"违逆"为"逆回",第6行"那行将必往的旅途"为"前行的旅途";全诗最后一行"敲"、"心扉"分别为"敲打"、"心"。

命运，敲响了中国的大门。

在这一度沉寂的国土，
这静绝了十多年的声音，
顷刻汇聚成巨流洪涛，
冲淘着中国的历史河道，
把那些梗塞着人们心灵的一切，
无情地冲溃卷扫！

命运，敲响了中国的大门。

在那些伟大的歌者们休止的地方，
会接上人类后代的交响！
中国究竟会向何处？
中国的车轮
只能以不可违逆的运转，
滚向那行将必往的旅途！

命运，敲响了中国的大门。
命运，敲着每个正直人的心扉！

1977 年 3 月 27 日

茅屋檐下的玉兰花①

在低矮的茅屋檐下，
盛开着一束玉兰花，
它开在小小的山村，
开在故乡的土地上……

春雨流注，
它像一支玉雕的红烛，
映着水田的回光，
引来春在人间留步。

素月皎清的夜晚，
它在寂寥中静静开放，
永以单纯的绯红，
照着山岫在黎明时的朦胧。

① 此诗选自《哑默诗选》，与《先驱诗人哑默》版本不同，其中，诗的标题为“茅屋前的玉兰花”，第一节删掉“一束”；第二节第 1 行“流注”为“不停”，第 2 行“玉雕的红烛”为“红烛”，第 3 行“回光”为“青光”，第 4 行“留步”为“常驻”；第三节第 3 行为“仍以那不减的绯红”；第四节“踏遍”为“踏遍了”。

远行者的芒鞋，
踏遍人间的边路，
循着春的脚步，
从天涯走近茅屋。

在低矮的茅屋檐下，
盛开着一束玉兰花，
它开在小小的山村，
开在故乡的土地上，
每当田埂上百草吐绿，
我仿佛又听见
玉兰在把故乡的春天招呼……

1977 年 4 月 8 日小箐山村

绿色的火焰

——献给七七年的春天

绿色的火焰，
在我的心里跳闪，
春天，
已把它点燃在
每一块古老的土地上！
绿色
是生命的希望；
火焰
是人类感情的激荡！

从被风沙掩埋的远古，
从被雨水冲洗的现代墓窟，
从故垒的城壕上，
从漠漠沙场，
从耕耘过的土地，
从每一颗心的冲动里，
……
春，

掀起绿色的波涛，
扬起了岁月的风帆，
在人间浮泛！

春，
把一种唤醒了的意识，
把一种解放了的力量，
带给我们，
带给那些孤苦奋斗的心灵；

春，
把温情和召唤，
把喧哗和洪涛，
带给我们，
带给那些动荡无宁的人生！

春，
爬到了青钢色的岩石上，
爬到人家的窗户上，
爬到古屋的房檐上，
爬到水泥高墙的铁丝网上！
……
当浓烟刚一止步，
苔藓和小草
就会去攻占烟囱，

连煤堆
也染上春的色调！

春，
是绿色的信使——
把大自然的情书
送到心灵的卫城边！

春的信，
用露珠和清泪，
白骨和血腥；
用微风和霓虹，
狂飙和闪电；
用鸟的羽毛和昆虫的吟叫，
人和兽身躯，
用云彩和花香，
波涛和呼啸；
……
用异性的眼睛，
猛涨的潮汛；
用无言的话语，
用无旋律的音乐，
澎湃的激情；
……
用枯索的数据，

实验室的器皿；
用沉重的法律，
行刑室的凶具；
劳动的工具；
……
来写就的。

劳动工具，
最美的笔
细胞——最小的单位
春，
就是躲在每个细胞里：
艺术细胞，
感情细胞，
知识的细胞，
生命的细胞，
……

春，
在事变中孕育，
在智慧中长成，
……
有谁见过
能用链子来缚住春天？！
绿色的火焰，

能烧熔一切!
绿色的火焰
跳动着——
它和每一颗心的搏动
有着同样的节奏;
绿色的火焰
蔓延着——
它和每双眼睛的视野
有着同样宽远的空间。
绿色的火焰,
在我的心中跳闪……
跳闪……
跳闪……

1977年4月16日

一束燃烧的花[1]

——题翔子的爱情诗集《一束燃烧的歌和一支绝望的歌》

它是花，
这样美丽，
几乎，
每个青年男女
　　都想把它赠给自己
　　和异性的另一颗心；
它是花，
这样芬馨。
几乎，
每个成年的人
　　都想把它留给自己，
　　因了那被爱损伤过的春；
它是花，

① 此诗选自《哑默诗选》，与《先驱诗人哑默》版本不同，其中，副标题中“翔子”改为“黄翔”，第 4 行为“每一个青年人”，第 5、6 行删掉“自己和”，第 8 行“芬馨”为“浓郁”，第 10 行“成年的人”为“成年人”，第 14 行为“然而它却燃烧着”，第 16 行“紫星”为“火星”，第 19 行中“痛苦”另起一行，全诗在第 6、7 行之间，第 13、14 行之间和第 19、20 行之间分别加了一行省略号。

却燃烧着，
冒着不祥的蓝焰，
跳着闪烁的紫星，
说着火的话，
押着火的韵！
为——痛苦。
　　　热情。
　　　和就要如此地逝去的生命！

1977 年 5 月 15 日

孩子，你的生命[1]

——写在诗人翔子的家居

孩子，
你在这间小屋里诞生——
伴着煤气，油味，烟熏，
伴着母亲痛楚的呻吟。

孩子，
就在你来到人世的时刻，
大街小巷响彻
欢呼，喊叫和鞭炮的炸鸣，
——不是为你，
而是——时代的第五个骄子
也刚好在今天降临！

① 此诗选自《哑默诗选》，与《先驱诗人哑默》版本略有不同，其中，副标题中“翔子”改为“黄翔”，第 1、2 行不分行，第 3 行删掉“油味”，第 5、6 行不分行，第 8 行为“敲锣打鼓声”，第 10 行“时代的第五个骄子”加引号；第三节中第 2 行删掉“就是”，第 3 行“了”为“着”，第 4 行与第 5 行之间增加了一行“因为，”，第 5 行“现实”为“生命来说”；第四节第 2 行“似乎”为“是否”，第 5 行删掉“因之，”第 6 行删掉“还要用”，第 7 行为“把这世界叫醒……”；第五节中删掉第 2 行，第 4 行删掉了“血水、衣胞”，第 5 行删掉“一颗”；第六节中第 2 行“来恭迎”为“迎候”，第 7、8 行位置互换，倒数第 2 行删掉“不要”。

孩子，
就是这间小屋，
吞噬了你父亲的一生，
和他的梦的心灵，
因为它们对于现实
过于博大、渊深……

孩子，
你似乎知晓父辈的命运，
因之，你刚到人世，
就会以柔弱的四肢
显示着力，欲求着人的权利；
还要用你稚嫩的哭声
把世界闹醒……

孩子，
你只是从母腹里来的一个胎儿，
带着唯一的礼品——
血水，衣胞，光裸的身体，
和一颗净洁的灵魂。

孩子，
没有人来恭迎你，
没有喧腾，欢庆……
然而，

暗夜的举火者

你是血，
你是肉，
你是人，
你是灵，
孩子，
你的生命……
不要，
不要再成为痛苦的疑问……

1977 年 5 月 15 日

瀑　布

……瀑布的上游，是一条河。

从广袤的大地

你汇聚了

源远的河流，

山间的小溪，

云中的雨滴，

……

平静而迂缓地

开始了自己的行进……

你带着

大地的内能，

植物的艳彩，

夜晚的星光月影，

自身虔诚的祈望，

或难于解脱的苦闷，

……

一直向未知的远途流去……

你何尝意识到

那恒久的生存，

传世不朽的盛名？

但你这寻常的水流啊，
却在猛然间
以生命的落差
出示瞬息的伟大！

啊，瀑布，
你蒸腾的水雾
从深谷中滚滚而出，
云涛烟波中
村寨冥冥，
峰峦稀疏，
繁茂的林莽
终年流滴着你多情的水珠……

啊，瀑布，
你是否把自己的灵性
弥散到
江河之源，
群山之巅，
连辽远的苍岩云峰
也烟雾茫茫？
……

啊，瀑布，
你把旷日长久的忧郁

在刹那间倾注，
如积电的阴云
猛烈撞燃生命的火星！
你在峭壁陡崖间
惊湍急奔，
用回旋的雷霆
伴奏无拘的脚步！
你是否因负着太多的苦痛，
才这样狂暴地
捶打着大地的心胸？！
啊，瀑布，
你从悬崖万仞
用自己丰沛的精力，
擂出轰鸣的巨响，
连微小的尘埃，水珠，
都激昂得高天飞扬！
这深寂的山谷啊，
因你奔踏急过，
把你的呼唤
传给昂首千年的巨岭，
震撼那坚厚的地层！

啊，瀑布，
请用你的飞沫与水雾，
把我紧紧的拥抱住，

让我的生命
也有一次狂放的欢舞！
请用你的飞涛
冲击我的身心，
让我的灵魂
从深渊里升腾！

啊，瀑布，
请让我与你
同唱着自由的歌，
奔出深窄的壑谷，
去探寻明天的路……

1977年6月28日　黄果树

“在智利的海岬上”望……①

你曾点起智慧的篝火，
让它在人生的海岬上燃烧过。

这里望过去，是一个诗的新时代。
彼岸看过来，是一颗新星在闪烁。

你把明天的帷幔徐徐拉开，
带着现代文化的气息走上讲坛。

世界刚想听听一个古老民族的声音，
回答他们的是——沉寂！

风暴吹灭了岬嘴上的火星，

---

① 此诗选自《哑默诗选》，后收入《乡野的礼物》与《墙里化石》时有所改动，诗题删掉“望”字，诗末所有的标点均被删掉。第一节“点起”改为“点燃”；第二节删掉“这里望过去，”和“彼岸看过来，”；第三节“帷幔”改为“帷幕”；第四节“民族”改为“种族”，“沉寂”改为“寂静”；第五节“撒布”改为“吹散”；第六节“沉没的船”改为“沉船”，并删掉“希望的”；第七节第1行改为“严酷锁住无数诗魂”；第八节“听见”改为“听到”；第九节“冲坍”改为“冲溃”；最后一节“同坐进”改为“列入”，并删掉“交响”二字。

风暴撒布了你的话语。

沉没的船只剩下桅杆，
希望的救生圈在荒海上浮荡。

钳制和压抑锁住无数的诗魂，
寒冬封冻着一大片土地。

漫长的年月不再听见你的信息，
不知你是活着还是已经死去……
……

时间的大潮冲坍腐旧的堤垣，
历史将追悼那些不朽和永恒。

如果你还驻守着那不沉的礁石，
来往的航船会向你鸣炮致意。

你给世间递送过黎明的通知，
人们会像迎接黎明般地迎接你。

请同坐进给未来协奏的交响乐队，
重新吹响你手中的芦笛。

1977 年 9 月

绿色的大星[①]

——留给后代子孙以最本质的、最朴实的

我翻开一本诗集，
我翻动
宇宙间自由运动着的星云；
这里，
游荡着一颗巨大的心，
汹涌着思想的海洋，
完整着一种个性。
这里，
包罗万象的富于生命的词句，
使我感到如此亲切，
牵引着人类无穷世代的记忆。

---

① 此诗选自《哑默诗选》，后收入《乡野的礼物》和《墙里化石》时有所改动，后两个版本基本一致。其中，诗末的标点均被删掉。第一节第 2、3 行合为一行，删掉“我”字，第 5 行“游荡”、“巨大”分别改为“搏跳”、“博大”，第 7、8、9、10 行均删掉，第 11 行删掉“人类”；第三节第 6 行“强健者”改为“灵魂”；第四节第 1 行后增加一行“——一个响亮的名字”，第 6 行“拓荒的人”改为“拓荒汉”，第 7 行改为“——喧哗、繁忙、创造着的新大陆”；最后一节中第 1、2 行合并成一行，改为“当我挟着《草叶集》”，最后 1 行删掉了“东方”二字。

《草叶集》:

——人生的赞美诗。

——诗歌王国的人权宣言。

——一个自由而自豪的人的证明书。

——地球上一个巨大的绿色脚印。

一个伟大的人,

他否定了

那个社会长久肯定的东西;

他肯定了

那个时代长久否定的东西;

一个赤裸裸的强健者

以神和人的姿态

大步地走到地球上来!

把精神和实体

提到并列相等的地位。

惠特曼:

——一面绿色的旗帜。

——一片阔大无垠的海洋。

——新时代的喉舌。

——初生世界的领唱者。

——扛着斧子和绳索的拓荒的人。

——不息的创造、喧哗、繁忙的民族。

当我的腋下

挟着诗卷《草叶集》

在大地上走动时，

他，惠特曼

像一颗绿色的大星

闪耀在东方未黎明的天际。

1977 年 9 月

岁月的足音①

我们和绝望无缘，
始终确信着明天。

历史是永动的车轮，
它不会反旋。

昨天我们从人生的不同起点走来，
今夜，我们在一起送岁月离别。

岁月女神一只手托着成熟的果，
另一只手拿着死亡之鞭。

她的天秤对所有人都同样严律，
生和死并列成伟大的平等。

① 此诗选自《哑默诗选》，后收入《乡野的礼物》和《墙里化石》时有所改动，其中，诗末所有标点均被删掉。第三节“昨天”后加了逗号，删掉“今夜”后的逗号，“今夜”改成“今晚”，“离别”改为“别离”；第四节全部删掉；第五节“她的”改为“岁月的”；第七节“菲薄”改为“薄薄”，删掉“颗”字；第八节删掉“她把”，“写进密闭的”改为“装进”，并删掉“从希望之孔”；第九节“朴真的坦诚”改为“好奇和誓诚”；第十节全部删掉；第十二节第 1 行改为“此刻，庄严而寂静”。

她用新旧更替的瞬息，
刺激着无数的生命。

撕下一张菲薄的日历，
托起多少颗博大的心！

她把新年的祝福写进密闭的信封，
从希望之孔投进每个人的心中。

怀着朴直的坦诚
请向大家读读你收到的信。

金色的梦不降临罪恶的人生
晴朗的心灵何以闪过死亡的鞭影？！

围着火炉团聚，
我们等着新年钟声。

让此刻在庄严的缄默中暂时严静
一代人在谛听岁月的足音。
……

时钟敲响一年最后的钟点，
让我们都站起来迎接人类的明天。

1977 年 12 月底

灰娃

原名理召。一九二七年生于陕西农村。一九三九年到延安，在儿童艺术学园学习、工作。一九四六年到『二野』，辗转晋冀鲁豫。一九四九年因病先后在南京、北京住院治疗。一九五五年入北京大学俄文系读书。一九六〇年到北京编译社工作。一九七〇年代初开始断续写诗。诗集有《野土》（陕西人民教育出版社一九八九年版）、《山鬼故家》（人民文学出版社一九九七年版）。

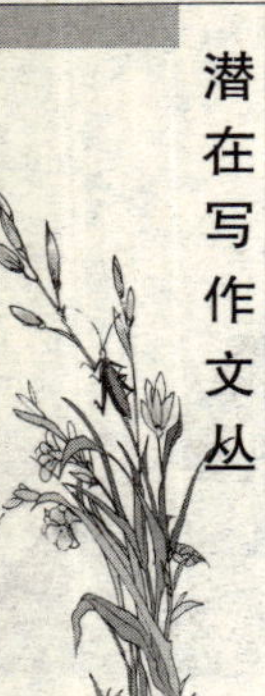

路[1]

一

哦　时间的重量
压弯了我们的腰
那一霎笑意一盏灯焰呢
流星曳去了　但听
远梦回响
泪花溅泼
沉淀了一味咸涩

我们的灵魂
毒火烧焦
烟云奇幻
膝行前往

① 本书所选灰娃诗歌除特别说明外，均选自诗集《野土》，后收入诗集《山鬼故家》时，基本未作大改，有个别标点、字词的小修改，本书不再注明。另须说明的是，本书选入灰娃的诗作均根据其诗集中标注确切创作年代的部分，虽经本人确证时间，但未存原稿，不能确证前后是否修改，这里仅选入部分诗作以作参考。

终于
连苦笑　也
厌弃了

哦　默默不语的灵魂
在已往
我们曾
手牵手面对面地痛哭过
还相互按着彼此创伤
以暗灰的幕布　将
凄情笼罩

哦　混沌无识的灵魂
我们不是竭力栽培
不开花也不结果的蔷薇
曾百般挥霍自己
毫不吝惜　唯恐迟疑
哦　怎能赔偿
怎能再造一次我们的生辰!

命运的风波　怪异的痛楚
将我们推向埋葬身心的漩涡
以哭泣呻吟押韵和歌
我们的手臂　人说是钟情热切
我们蹒跚人间　紧拥磨难

过路者都把这浩大悲壮
把这隐痛　轻笑闲谈

当我们告别人间依稀长叹
可还有什么值得顾盼
为何总不肯闭合双眼
它是那样纯洁无辜永无希求
当我们长眠在荒墟的墓园
坟头的松枝荫蔽一丛素静百合
抚慰寂寞含冤的心愿

地上,为梦萦绕又被抛却
地下,我们的喟叹透过泥土
摇撼歪扭的宇宙
依旧看见神道们手握法杖
另一手一枝鲜花罂粟轻轻一点
厚道的美丽的立即垂泪下跪
怀疑不信的全都鼓掌颂赞

哦　觉醒的灵魂
我们满头乌丝
月亮的银光吻过
太阳也给它洒过金辉
今夜　它已被秋霜冬雪染尽
我们还是不厌弃泥土　岩石

而渴求浮名黄金

从没奔赴盛宴
我们是以酩酊沉醉奉献
用热烈坚定的脚步踏碎
日久年深的忧愁
在牺牲的血泊中痛彻震颤
心
却觉着欣然

哦　弹起竖琴
让繁音交会　举起酒杯
活泼的泡沫杯沿翻滚
我们如霜似雪的银发间
插着忧郁神圣的紫堇
心里头　戴的是一顶
荆棘之冠

二

哦　天真烂漫的灵魂
记得不　大风之夜
商旅的驼铃在谷底
悠悠扬扬　雨点儿草丛上淅沥
我们银子般的童音
顺着蛮荒原始的山坡　与高原雷声争相滚动

当电火的锋棱在云层飞光流星
仰望这高原旷野奇丽的一景
我们稚气无忧的笑声也一齐
飞向阴沉威严的天穹
它也趁星光灿烂人梦风静
在延河冰场　与山崖危石
　　往返呼应

我们也曾　驾着月光
游荡水一方　乘着流萤
从清凉山兰家坪
兴冲冲奔到我们那
质朴热烈的晚会
歌唱　每每赢得狂风般
　　掌声满堂

你我形影不离
信心百倍　行军在
崎岖山间　我们时常
盘膝坐在贫苦农民炕边
出征前　戈矛铿锵人声鼎沸
誓师大会　我们振臂高呼
　　必胜信念
哦　热泪滔滔的灵魂
我们一身泥土真菌气息

暗夜的举火者

战歌飞扬走进都会
旧世界的残花败叶
在我们脚下满地翻飞
我们又以赤子的心与泪医治大地
　　伤痕累累

哦　梦魔困扰的灵魂
当我们追赶循环的星座
在青天深处与天使同飞
狂吹狞笑黑色闪电一阵
我们负伤的羽翼
痛苦地拍击着
　　难以鼓起

戴花的山坡
含笑的林苑
我们的欢笑我们的血水
灌溉了荆棘满林
一项一项数过疼痛迷惘
用淌血的额角
劈开浓雾摸索

如今我们已白发如丝
当清寂的黎明　洒落在
栅篱的牵牛花上雏菊之旁

一线晨光郁郁
在低垂的苹果枝上闪现
哦　初醒的灵魂　我们是否
　　清晰忆起

往日深山野洼　蜿蜒伸去
艰难足迹何在　想起来就
令人心头作痛　山民们而今
谁已不在人间　又添了几多新人
当他们回想如火如荼的往昔
是怎样
　　评说我们？

1972 年

墓 铭[1]

从我连哭带嚷闯进世界未久
不洁的唾液就填塞我的时空

我撒手尘寰那些因我降生
忤犯了的言词表情都变为装饰

我鬓角额前星星缀满
我为厚道的心呼号用嘶哑的嗓音

即使世间没有感应没有回响
也压根儿就真没有这件事情

摇曳人心魂的风歇息了
钟声也已静默，我笨拙善意的唇

也寂然闭合，从那儿凋谢了往日的
琴声激情，有的虔诚有的心不由衷

① 此诗选自诗集《山鬼故家》。

我眼睛已永远紧锁再也不为人世流露
深邃如梦浓荫婆娑

安息着我额上青青的桂树
谁给栽的,我

已然沉寂不醒
松涛凝定不动一口静穆万年的钟

想起我挂了重彩的心它
一面颤抖一面鲜血直流

如今它已停止了跳动世人再不能
看它遭严刑而有丝毫满足

生而不幸我领教过毒箭的分量
背对悬崖我独自苦战

与维纳斯阿波罗对垒
弓开箭鸣飞矢钻动我心上飕飕交锋

我抵抗生命陡峭的风浪,一人
流尽人间眼泪,只剩些苦涩回声

从峭壁迸溅散发野草泥土气息

暗夜的举火者

anye de juhuozhe

带着魔法力量，我发誓

走入黄泉定以热血祭典如火的亡魂
来生我只跟鬼怪结缘

我听着日月飞逝，明亮的光影
凌乱斑驳触响心中幽深的叹息

记忆的枝叶静静飘落
是一些心灵厚意我欠下的

怕是来不及回报了
尘世已为广大的静寂笼盖

我已走完最后一程
美丽的九重天在头上闪耀

1973 年

只有一只鸟儿还在唱

只有一只鸟儿还在唱
唱也打不破
冰一样的寂灭静默

我们不再会请求
倦于幻想　可是
预言的鸟儿啊

你就不能用你那
清越洪亮的歌　祝贺一个
明丽的日子诞生么

1975 年

带电的孩子

夜　深了

快把屋檐下的鸟笼子摘掉
挂在枝上的蝈蝈筐儿
　　　　　要放回墙角

窗下那本安徒生童话
（你翻绉了边儿的）
　　　　　也仔细收好

别叫雨点儿打湿了　孩子
你望望门外　那山峰上的乌云
　　　　　争先恐后地拥挤呢

火蛇可怕地行进
在峥嵘的云堆
　　　　　蜿蜒窜跳
夜　深了

是谁　还在漆黑的暗夜徘徊
不是徘徊　是
　　　　　你夜夜梦见那悲伤

就在你走来的那条路上
洒满了你初醒的泪
　　　　　那儿冬青树才发青
抽出嫩叶
给灰心的过路人
　　　　　送来清风　送来慰藉

那一片青色的美丽
还把清冽泉水
　　　　　一直地引到一角干涸的心

夜　深了

是谁　在这漆黑的暗夜吹送福音
他拿自己灵魂换取一管魔笛
　　　　　用自己的心琴弹奏

是谁　在这漆黑的暗夜
聚集着光
　　　　　比天上打闪还耀眼

暗夜的举火者

噢　是一群身上带电的孩子
使这沉寂的黑夜变得奇妙
真是不安分哟!

1976年4月清明后

野　土[1]（组诗）

大地啊，我以热血来祭奠，关于你的陈述却是如此笨拙不堪；但请听吧，神灵、地祇已在宣告，即将来临最庄严的时刻。

我还有什么献给你能比你自身
　更深沉，更叫人揪心

我心中记忆与系念的水泉
　扬起滔滔滚滚的洪波注入你的诗篇
这晶莹的清流出自我胸膛深藏的
　你那粗犷、多情的源头

一　乡村墓地

若问那一方，我记忆的荧屏，永远是松柏掩映，幽影悄寂，藤蔓绕枝，木香悬空。多少次，在它头上，一轮铜镜西沉回光，东升的银钩一枚也开始闪亮。

---

① 组诗《野土》九章在诗集《野土》与《山鬼故家》中均未注明创作时间，本书选入的依据是：2004 年 7 月 24 日下午编者与刘志荣一起在北京与灰娃的访谈中，诗人自己强调此诗与《路》等诗均同时创作，有待继续考证。本书根据《野土》版本收入以作参考。

那是谁家的墓地？谁家先人的祭坛？

隔年衰草在寒风里瑟瑟。纷披的藤条上，晶晶莹莹，清鲜惺忪，幽灵们刚刚睁开金眼，神把繁星似的小灯一盏盏点亮，把报春的新花撒在这座灵殿。

林叶荫翳，人迹稀少；日出日没，云流雾走；四时更替，花开花落；永恒不改的只有咬噬人心的寂静，亡魂游荡飘零，神秘虔诚的凭吊。如魔似迷，幽玄冷森，叫人心跳却又亲近。

从坟头花草的方位、迷失去向飞来枝上落脚的鸟鸣、夜来的风声，人们推测吉凶，凭借一些迹象、一个暗示、一次梦。

男孩儿女孩儿个个臂上挎着筐笼，从他们土屋出来寻觅柴禾。

唔，前天还没有，这坟墩儿上，今天竟开出一朵花，孤零骄矜，火焰一样，在古老阴森的柏树丛，发着红光照眼惊心。

二　大地的恩情

人人都说自己故土好
可我的故乡真真叫人心放不下

遥望云端，巨大碧蓝的钻石、琉璃峥嵘耸立，终年蓄有白色蒸气。以其明秀杳远扬名，气概出世。

终南群峰埋藏数不清的轶事传闻，怀抱永不得解的奥秘。

烟雾绕绕，游云掩拥，人们说那儿有神仙居住。

在宁静的白昼，大气隐约飘忽圣乐，渊美，旷悠，“赞南海”“菩提颂”时隐时现，摇晃着诵经击磬声。

近处——

原野伸展，望不到边缘。钻天杨一行行精神抖擞，树梢高挺着探求云乡。

天风能逗它哗哗乱响；

也有人听到仙女们拍手鼓掌，错错落落一阵阵从天外飘洒。

楸树、栋树青葱绿叶编织清夜的梦，幽幽月色中抖颤着飘落繁花。

椿树、梧桐华盖亭亭随晓风起舞，银河黯然，依依挥别晨星。

合欢枝丫高大，托举濛濛一层粉红云霞，笼着仲夏月夜的银纱，从水面端详自己的娇丽，却不防，一阵风潇潇洒洒摇乱了身影。

清秋节原野山岗满眼红宝石、琥珀、珠玉。晨雾缥缈着越过曲折清凉的微波，向丰熟的田垅、果林浮游。

忧郁的蓝幽幽的温柔渐渐扩散，湮没大地，溶染万物。

静夜里星群浮动，月神正徜徉树顶。何来这万千令人陶醉昏迷的音乐，回环荡漾，流过朦胧如梦的景色？

听那苇丛糅合了多少秋虫、多少种草花树叶轻诉，摆荡着溪水低回轻歌。

三　水　井

玫瑰、木槿、刺玫、月季，一意攀缘井栏断墙的七里香，熏风从沉睡中摇醒，饮过了春雨春露纷纷睁开眼睛。皂荚树已挂满了长荚簇簇。

人声水声环飞，树影花影横过，这井台也是一个缄默多少年的处所，它目睹过村民多少悲欢离合。

过门的媳妇，待嫁的村姑常结伴来到这儿。

水车嚯嚯，马蹄得得，井水湍流在铺满陈年青苔的木槽。

那湍流又往石槽猛注一股狂涛，一头雄狮抖擞鬃毛纵身腾跃。

女人们捣搓衣裳跪在渠边。渠水摇晃，倒影浮荡。

青春在笑声笑容中洋溢，生命随臂腕律动而流涌。其中也掺和了深重的和轻微的叹息声。

钏镯在石板上撞击，结串的银玲跳波溅珠，叮叮当当跳落水面上。清流又把这笑声、叹息，连同一串串银铃声卷走，送到农野，送到农舍，穿过窗口，落在锅台上和砧石上。

劳作的节奏，生活的韵律，激荡，旋转。鸽群滑翔，鸽哨嘹亮，天上人间一片银光，一片交响。

四 午间的村庄

午间的村庄，有那样的刹那。

忽然间无声无息。静谧弥漫，青绿葱茏。

大香椿树蓊密叶丛："姑姑……等……"

斑鸠孤苦哀叫，渐轻，渐弱，渐渐消隐了……

轻轻听吧，更平和，更静。仿佛邃古的大枯井。

只有炊烟在村子上空飘浮，给土墙、草垛添了浅浅一笔淡墨。

一只蝴蝶悄然无声，正飞掠蒲公英和紫堇的光影。

自一棵枯死的树干："嘣嘣！嘣嘣！"

击出的光色明亮，扎实，在蓝汪汪静深的背景上。

啄木鸟已打破沉寂，从打禾场尽头，嗬！

一艘盛装的楼船满张锦绣，以庄严华贵的气派排荡而来——

雄赳赳一只大公鸡高视阔步，迈着统帅的步伐；它放开了饱满的歌喉，好壮丽洪亮呀！

气势威武，引得村前村后一片鸡鸣。一时间大号、小号、长号、圆号，整整一组铜管乐队此起彼伏全村吹奏，向辛苦的农人报知午饭时辰到了。

五　神奇的打扮

人人都说自己故土好
可我的故乡实在叫人心放不下

那里的男孩儿穿着家织粗布
黑色、蓝色、白色、土黄色对襟袄
白、黑、土黄、深蓝、月蓝长裤
一根整幅粗布系在腰间
镶边儿的红肚兜
在他们结实的古铜色胸脯闪露
女孩儿穿的也是家织粗布
红色大襟上衣绿长裤
在这上红下绿外面
罩着黑布背心一件
银环、银镯、银的项圈
绾约装点得她们
朴素尊贵如同宝石光辉
还有其他衣饰，各式风采
我怎能说得明白
总是和谐自然，与大地、星空交融
成为宇宙的生命节奏
浓郁强烈——
让太阳在你心中放射，心灵充实扩展
柔和沉着——

就深入你的精神，给予人
微茫难言的深远、幽香的领悟

单凭这样的搭配和创造
要论色彩、造型的大师么
你把无所不能的造物主请来
看看他们惊愕沮丧的神情
你就知道了
这还不算
你再留意她们头上，戴得是
什么奇妙的东西
唔，谁的灵心，谁的手艺
不是以这顶可爱的帽子显露
在方圆几十里大出风头
这帽子的颜色常是
杨叶白、宝石蓝、月蓝、雪青
也有古铜色或各式各样的红
额间正中还镶着一小块
美丽的石头
它从额前弯向两侧
直裹到颈项后边
一寸宽的飘带两根在这儿系成为
一只领头飞的大蝴蝶落在上头！
而这两根飘带
还没在这儿打住

它们从背到腰
一长一短与一根发辫并垂
平添了姑娘家沉稳、秀美
名字？这些朴实可爱的孩子
叫做什么？唔
你是怎样也猜不出
男孩儿用“过过”称呼
驱逐灾难统统不得停留
用“在在”这个名字
祈求平安一世
女孩儿取名“梅香”“巧娃”
熏陶她们美好又古朴

　我们民族古老文化的发源哟
我们原始的祖先
　我们的远祖黄帝
你把怎样优秀怎样庄严的秘密
　传给了你的后裔
你以怎样智慧怎样神奇的创造
　令万方惊异兴叹
深邃、馨香、万古悠悠的暖流
　在我心上浮动，泉涌……

六　出　嫁

四月清晨的阳光，欢醉地

展开金色翅膀
梅李子花香丁零丁零
在春气中嬉笑浮动
天空一色蔚蓝
喜鹊架起尾巴青白分明
梅香和她少女的发辫永别
高高挽起妇人的髻
她将筑起自己的巢
为一个新的家室劳烦操持
有如逝水童年时光无忧
转眼匆匆流到终点
谁能不走向彼岸
永依母亲膝边
梅香泪水脉脉盈盈
母亲、婶娘眼泪也缓缓滴下
人啊
生之欢会别离
生命哟
谁能说清你在我们心上
薰香的温馨
谁能吐尽你对我们心灵
忧伤的慰藉之情
谁又能抗拒而不套上你用那
少许香花酸果成串缀织的链环!

喇叭、笙箫吹奏声中
　一顶彩轿进了村庄
停在门前影壁一旁
　门槛到轿子跟前
大红毡一幅铺路
　村人都离开自家院子汇集这里
紧张、忙迫、喧哗、议论
　沸腾着滚水

乡村乐队又开始吹奏
曲调兴奋,喜气洋溢

妇女们围了满满一屋
　看哪、看她们施的什么魔法
把一个少女化作一个少妇
　给孩童金色的梦与
妇人命运之途造出
　一道界标

乡村乐队在窗外吹奏
喜庆,赞颂
梅香的发辫被解开了
　她轻轻啜泣里
一双娴熟干练的手
　将她乌发梳理

木梳忽地离开这双巧手，一晃
　便横含在巧妇口中
巧妇以不可思议的灵活、准确
　将那一握乌丝
拧成一股盘在头后

乡村乐队不停吹奏
　在女人们啧啧赞叹声中

银簪、绢花、绒花、鲜花
　接连插上新挽的髻
这奇俏的杰作
　颤巍巍花团锦簇
猩红袄裹住梅香
　满绣凤鸟花枝百褶裙
红闪闪从腰间垂到脚面
　裙裾旋动沉甸又轻盈
青春！
　青春在这少女一动一静中骄矜
你也一定没有看见过
　脚上那双红绣鞋——
两盏灯！
　照亮村庄叫人睁不开眼睛

滴露的莲花一朵飞舒展花冠！

云外的仙女一个与星月交辉！

这是梅香么
　分明东方女神一尊
一阙奇丽乐曲
　一片星花闪烁

乡村乐队不停吹奏
催促这庄严的创造
银镯一对
　妈妈亲手套在梅香手腕
　“擦干新人泪痕
　眉梢要画得渐轻渐缓”
婶娘发话威仪
引起又一阵急促骚乱

乡村乐队不停吹奏
哀送着，祝福着
生命遥远未知路途

“噢！噢！新娘要上轿了！”
　孩子们一窝蜂拥向门外
以轿子为中心
　村民们围成层层数圈
我们看看这轿子

　怎样的装束与丰采
迎接它的新人
　它一定没有听说过
你想知道么
看呀，　它左边
深红、柔韧的桃枝一根——
　弓之象征，它右边
一杆黍稭插上一簇钢针——
　锋利的箭头

唔！一幅动画小仙灵的家屋
　它一身通红
包藏红玉的光焰
　涵蓄着洋洋喜韵
比正月十五夜的灯笼还美
　像婴儿纯净的幻想，宁静，光明
这样比喻只有几分恰当
　因为，原本它
红睡莲深夜中离奇的梦境！

乡村乐队不停吹奏
音色高亢，直冲云霄
何人？何事？何物？召唤什么？
这般昂场，这般莫测

看哪！一位云外仙女
　一朵滴露红莲
红纱遮面
　一个汉子——伯父捧着
一手扶背,一手托膝
　轻轻放在那离奇的梦境里
众人注视着那汉子
　他离开轿踏过红毡

可是
　红莲怀里是什么
那红纱遮面的仙女抱着什么呢
　肯定你是从未听说过
她的右手拥着一个鲜花缀饰的筝！①
　她的左手抱着一个蔓叶缠绕的梭！②
她是这样的,梅香姑娘
　她由一个少女
成为一个媳妇了

　我们民族古老文化的源头哟
我们原始的祖先
　我们的远祖黄帝
你把怎样优秀怎样庄严的秘密

① 筝：古老织布机零件，形似乐器筝，用以穿经线。
② 梭：古老织布机零件，用以穿纬线。

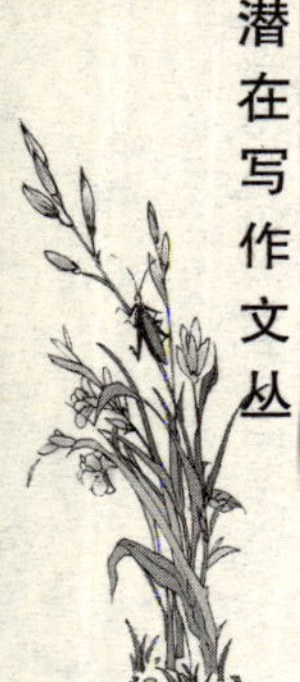

　传给了你的后裔
你以怎样智慧怎样神奇的创造
　令万方惊异兴叹
你给人类的丰厚贡献
　赢得人们对你膜拜顶礼
你对我们正义威严的召唤
　在四方激起巨大回响
从西北莽原到东海岸
　从东北崇山到南海面
你璀璨的光华
　照彻我的思想、我的梦魂
深邃、馨香、万古悠悠的暖流
　在我心上浮动、泉涌……

七　人与神的故事

——七夕乞巧的仪式

神秘的岁月之神哟
你的法轮不息地回旋
时针指向溽暑难耐的最后一天
你就将清气向大地吹送
叫日头火轮放慢
银河悄悄流转

弦月向太空漫流澄澈的光
长庚星激动抖颤西天

草木节奏也渐渐减缓
蟋蟀急鸣激动人心
催促赶制御寒衣衫
金钟儿① 响起一串颤音
震落下织女泪水
机杼时时寂然
养育我们的自然神
我的人民无负你的清明灵气
紧张劳作，深长情思
与你同度凄切的七夕
你从天宫俯视
千门万户洒扫庭院陈设案儿
鲜花瓜果奉献牛郎织女

你不见
个个梳洗洁净
换上节日衣饰
敬畏你，为天为地哀喜
织女苦思亲人织不成霞锦
我们做出样样衣饰案头供起
你把怎样优秀怎样庄严的秘密

① 金钟儿：秋虫名，叫声如金铃声。夜以暗色编织朦胧面纱。

乞巧乞智
祈求织女赐给巧手灵心

银河向西流
喜鹊离树逐云飞
织女已经梳妆停当
等待渡河佳期
至高的女神
你无边法力是谁赋予
你只用你的银钗轻轻一划
便造成有情人千古离恨
我们的牧童和你的女儿
终年隔河遥望
只在素秋双七夜半相会

普天下都唏嘘长叹
女人们中夜轻步井台
银河相会映影在井水
再去葡萄架下听那哭诉
藤叶筛月
也拂不去天上人间悲哀
那时分,仰望天河
水涨溢岸波翻浪滚
涓滴尽是离人泪

星月相随天迴转
光阴飞逝像流电
“凄惶呀！”
“去年七夕的眼泪
沾在衣襟袖口还未干”
话音刚落下，十三岁的巧娃
忽地惊起，睁大眼睛说
她听得天上人声更凄惨
银河激荡不安
这下子，有人原地不动有人正襟危坐
禁不住这生别离
三三两两挽臂搂肩地
相互依偎着细听
以各自惊异认真的神情
下面这些话绝对等不到初八
“我听见娃娃号啕不肯分手”
“我看到眼泪滴到井水中”
如此等等，当夜就在村里传开去
从今年七月初七深夜
到来年七夕向晚
一代一代年复一年
越说越完善

秋叶滴着清露哭泣
七月黎明前的凉云聚了又散

晨曦还没向大地投出第一眼
幽暗,寂静
微风送来脂粉香
小姑娘未婚妻新娘年青母亲
影影绰绰来来去去
老人说昨晚织女掉下脂粉来
谁拾到就有天女的心灵手巧
而且钟情,还越长越出挑得秀丽
就像初七的明月

你听那悠悠的牧笛
在昆仑山顶整天价呜咽
月神微闭泪眼眯视
大熊星从北天向夜窗窥探
户户窗里燃烧着生死情爱
有的团圆,有的别离,有的
谋算复仇争端
青山绿水年年在
周而复始的四季哟
在七夕中夜,你究竟要将
多么古老的灵感之泉倾泻
将万世不朽的圣诗
向人间吟诵一篇

八　大地的母亲

人群喧笑，众多眼睛搜索什么
我突然下沉，孤单，寂寞
落日薄暮我低头匆匆赶路
一缕柴火味在心里萦迴
往事如烟，我双眼弥漫清泪……

有一夜蓝天装饰着白云
夜色似水银泛波漾辉
一轮满月在清气中跋涉
我年轻的妈妈烘烤月饼
饼上贴了一枝儿香菜绿葱葱

顿时生机洋溢摇曳一株桂树
她又扬手摘取发髻上的银簪
从一朵晚香玉旁边，她用银簪
在桂树下勾画兔和吴刚，还画出
嫦娥又忧郁又绰约

妈妈安详从容，神韵葱茏
她心牵手指行进一如行云流水
妈妈竟何以天女一样巧思妙想
又如此温馨明媚？我寻思定是
有个魔幻的小精灵住在妈妈心里

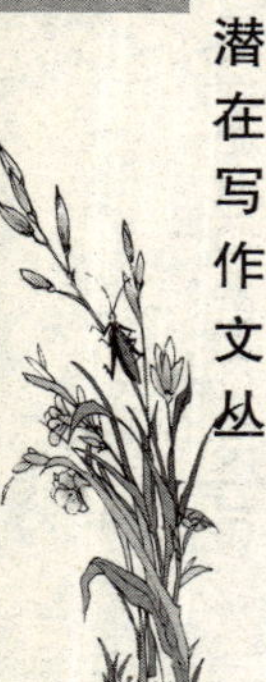

窗外的树林、星空
门前溪水晃荡着圆满金色的月亮
还有窗前的妈妈，真是天地乾坤里
一尊整体的雕塑
一曲令人神往的赞美歌

想起我们那绿阴遮掩的茅屋
一抹夕照明灭斑驳金镕闪烁
邻家姑娘走来要几根洋火
她身穿自织的丁香紫粗布衣裤
发辫似黑夜，双眸如幽谷

我们屋前那一架水车
它可是寂然不动被人遗忘了
还是久旱不雨禾苗着火
深夜里它还不停转动
风住星飞，一轮明月坐镇当空
村西头弹花库和炸油房
荒废了已有许多年数，中古的
庞大机轮和弹弓已年久失修
从前，每到隆冬四野一派岑寂宁静
它们就日夜轮转震吼

似春雷在天际
不住发着隆隆低音滚动

如今，那巨人似的机轮和弹弓
都静默地容忍了尘土封闭
在房后有老榆和古槐依旧守望着

你鬓角飘摇丝丝白发，老妈妈
日头西沉蓝色暮霭已经低迷檐下
鸽子归巢，鸡群上了架
哪一晚不是你亲手执着燃亮的松明
将它们一个个细心点查
春意已在白杨树银色光彩间婆娑扬波
老妈妈，你为何双眉紧锁
哦，不要忧愁叹气也不用背井离乡求乞
我们不是就要去青青麦地，忍住心痛
把嫩绿的麦穗儿采来充饥么

年已跑完途程忧心忡忡
腊月廿三傍晚妈妈烧起祭灶的黄纸
跪在蒲团低头祈祷。许多年过去了
但仿佛伙房那一角，神龛前有赞美
乞求的颂歌与片片轻飏的纸灰永久升腾着

谷子入了仓花已飘零，树林也空无鸟声
我们那一带低矮的墙垛上
留着些已逝的日影
金银花和葫芦藤丛中

有一颗晚星眨着眼睛

不知为什么,它使我想起
一去不返的年华
饱经忧患的老妈妈
每逢年时岁节,我要高举迷迭香
紫罗兰和番石榴鲜花向你致敬,你

降生、成长、出嫁、儿女成行
兵荒马乱饥馑灾殃
你飘散着银发,眼花了,背驼了
你是风里雨里地
咬着牙挺起胸走过来的

昔日的怀想夜夜浮现梦中
千行热泪迸涌
泪水也在深心中
在深心中翻波涌浪
它几时能像禾穗儿迎风泛金光

啊,我们亚洲大地的母亲!
在我们东方的严峻的贫穷中
你总是以你那清寒圣洁的美
在棉田摘花,在场上扬谷
在井边洗菜,在灶头烧饭

刚给娃娃喂完奶
顾不得你婴儿啼哭
又坐上织机紧忙穿梭
你月白衣衫土蓝补丁上落着
星星点点柴灰,渗透了汗水眼泪

你为村里姑娘精心打点我们那
寒伧的嫁妆,又为年轻的未婚夫
张罗迎娶的新房。剪了红黑两色窗花
贴在糊着白麻纸的窗格子上。是你
在缺吃短用的煎熬中让生活向前进行

一阵犬吠惊心摄魄打村外传来
你当即关严大门侧身顶住门板
手握菜刀屏住气息
挡住抓丁的士兵
让小伙子翻过后墙逃走

争夺儿子的搏斗还未结束
没有恐慌
只见你出奇的沉默平静
我最熟知面临彻骨鞭打时
你自信严肃的神情

为着保护大地的儿女

你的形象
超越耶和华背负十字架
高耸在我们祖先生息过的领空
深深铭刻在你儿女们心中

青黄不接
你今天兜满一围裙树叶
明天挖回一筐苦味扎口的刺蓟
你总是抿紧你实诚坚毅的唇
把几世的忧虑心事咽下肚里

你那女性的温柔的肩头挑起千斤重担
慈爱的心上压着万吨石头
你心地虔诚一身素朴
想起你不由人激情无法平静
一阵阵隐隐心疼

大地啊,山河
哪个年代我们祖先凿了第一口水井
什么岁月我们祖先搭起第一所房屋
我们打过多少仗织了多少布
经过多少回的天灾祸患
我们祖祖辈辈为你洒下多少血和汗
我们编了多少动人心弦的故事和诗篇
我们在黑夜里透视出你哭泣的面容

我们魂梦萦绕你衣衫褴褛遍体鳞伤的形影
我们亲手扭断套在你呻吟的颈上的绞索
我们心坎回荡着你挣脱锁链的怒吼
我们为你倾注了多么虔敬多么严正的深意
我们精神充满对你难以言状的爱情
我们神清气宁情志高远的气质与心灵！
……
……
祖国，没有我们
你还成其为你么！

九　天下黄河

天下黄河几道弯
第几道弯里有桃园
桃园共有几棵树
几棵树甜来几棵树酸
咿——呀——嘿

那年我十三。黄土高原土场上。暮色将临。冷不防，像是那种生了绿锈、破了边儿裂了口儿的大钗，粗粝威凛，亢扬嫉愤，在静默等待的人群头上炸响开了。不是曲调，不是词句，是赤裸裸的情，从一个祖祖辈辈种庄稼的粗汉厚敦敦的胸膛里猛地撞击。扎冷灼烫，鞭子狠狠抽在人心上。接下去，丝丝缕缕，舒缓沉实。无限酸楚，无限苍凉，低低地，拖长地。悠悠沉沉，心随黄河水茫然无尽……

只听得人们屏息。眼前立着一尊青铜雕像。寂静片刻，雕像再次

于始，比前段稍稍从容矜持，字字句句肯定沉稳：

天下黄河九道弯
第九道弯里有桃园
桃园共有五棵树
两棵树甜来三棵树酸
咿——呀——嘿

整个世界都在这里头。

刚过哀乐中年，沉甸厚实，大力士挪不动搬不起的先民画像石，这样的心灵，一刀刀刻痕凿下什么秘密呢？也不知这活的灵魂承受过怎样的挤压，结晶成一腔黑色闪电，浓凝的一往情深。无常，孤寂，在黑沉沉的大地猛烈炸响，滚动浮沉。诉说什么？呼嚎什么？喟叹什么？思量什么？挣脱什么？又认可什么？

岁月，岁月，岁月，我不能忘，黄土高原那个土场，那个傍晚，那一片停留刹那的残照。时常，没来由，心里耳际，一腔血冲决，一腔情崩裂，那尊青铜雕像，画像石，一腔黑电忽闪，一腔膛血与情自思自叹……